名古屋発　半日徒歩旅行

朝寝した休日でもたっぷり楽しめる名古屋発〈超〉小さな旅

佐藤徹也

ヤマケイ新書

まえがき

本書はこれまでに執筆した『半日徒歩旅行』シリーズの4冊目だ。『東京発　半日徒歩旅行（2018年）』『東京発　半日徒歩旅行　調子に乗ってもう一周！（2020年）』『京阪神発　半日徒歩旅行（2021年）』がいずれもご好評をいただき、おかげさまで今度は東海地方にやってくることができた。

初めて手に取っていただくかたのために簡単に説明すると、本書は自分の足を移動手段として旅を楽しむ本だ。歩くといっても1日に何km歩けるかとか、精神力を養うとか、健康増進とがテーマではない。目的はひとつ。好奇心の赴くままに、知らない場所をワクワクしつつ旅すること。まあ、結果として健康にも貢献しているかもしれないけれど。

もちろん家からすべて歩くわけではない。現地までは公共交通を利用。単なる「移動」は電車やバスにお任せして、楽しい「旅」の部分のみを自分の足で楽しもうというわけだ。移動にマイカーを使うのもいいのだけど、その場合、どうしてもクルマに戻ってこなくてはならない縛りが発生して、これがちょっともったいない。徒歩なら起点と終点を別々に設定できるので、より自由でダイナミックな旅を計画できる、気がする。登山でいうところの「縦走」だ。

そして時間と距離の考えかた。時間をたくさん使えばそれだけ遠くへ行けるけど、そのぶん現地滞在は短くなる。どこに住んでいるかによってもそれは変わってくる。本書では名古屋を基点に「半日」ということばを使っているが、これは「早起きしなくても大丈夫」といったニュアンスだ。

東海地方の地図を広げ、以前から気になっていたあの町、一度歩いてみたかった旧街道、絶景で評判の公園などをひとつずつポイントしていく。するとそれまで土地勘がなくてわからなかった、「あれ、ここここは意外と近いな」とか「ここで川を渡れれば、このふたつの場所はつなげて歩けるのか」といったことにも気づける。

そして起点と終点の設定だ。どこに鉄道駅やバス停があるかを確認、目指すポイントとそれらを線でうまくつなげられれば徒歩旅行計画の完成だ。

そんなコースを49本考えて、実際に歩いてみて書いたのが本書。お楽しみいただければ幸いです。

養老の滝と養老天命反転地↓P12

目次

御在所岳と御在所ロープウエイ↓P18

赤目四十八滝↓P24

第2章 島に渡って徒歩旅行

佐久島↓P88

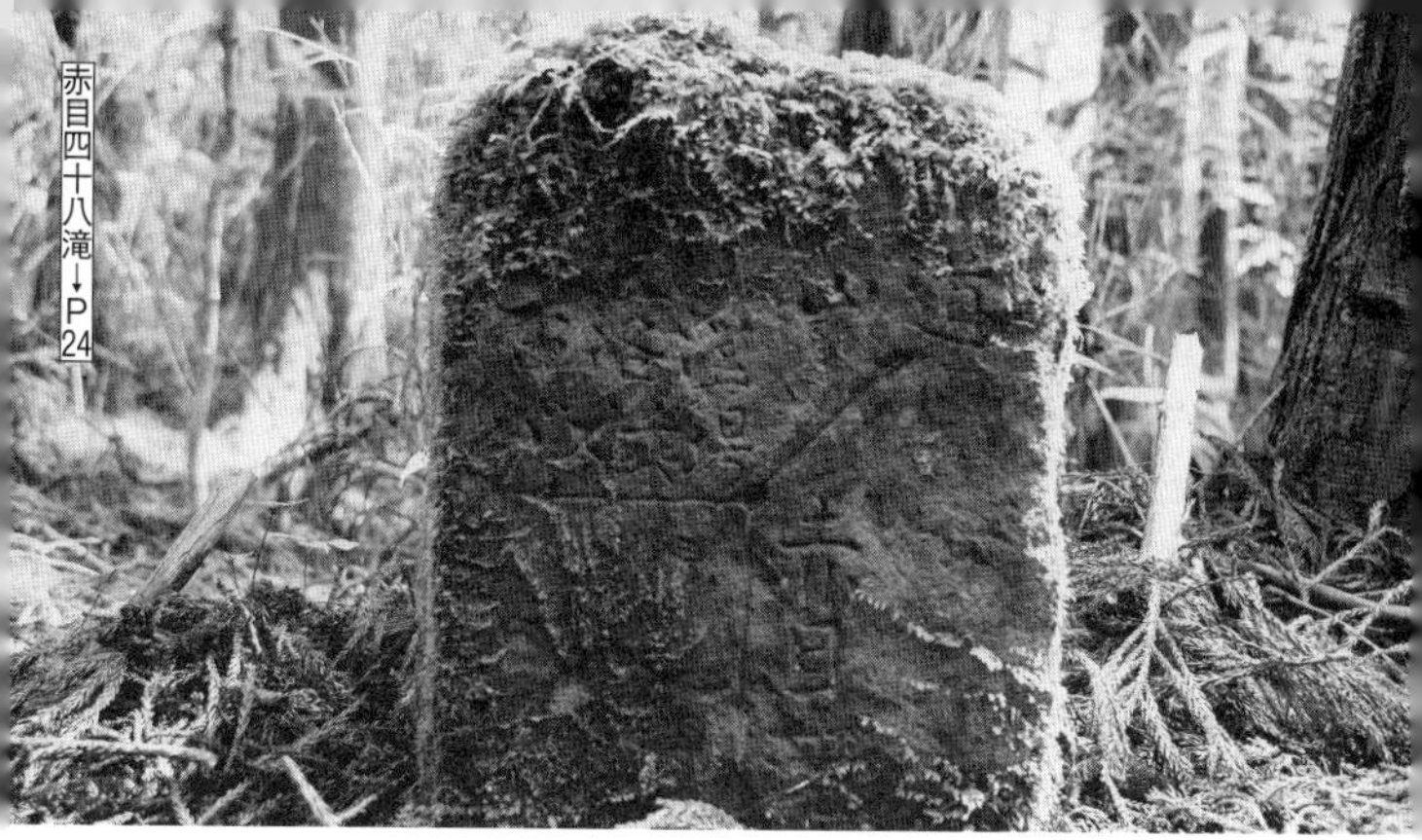

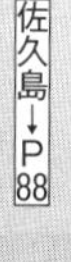

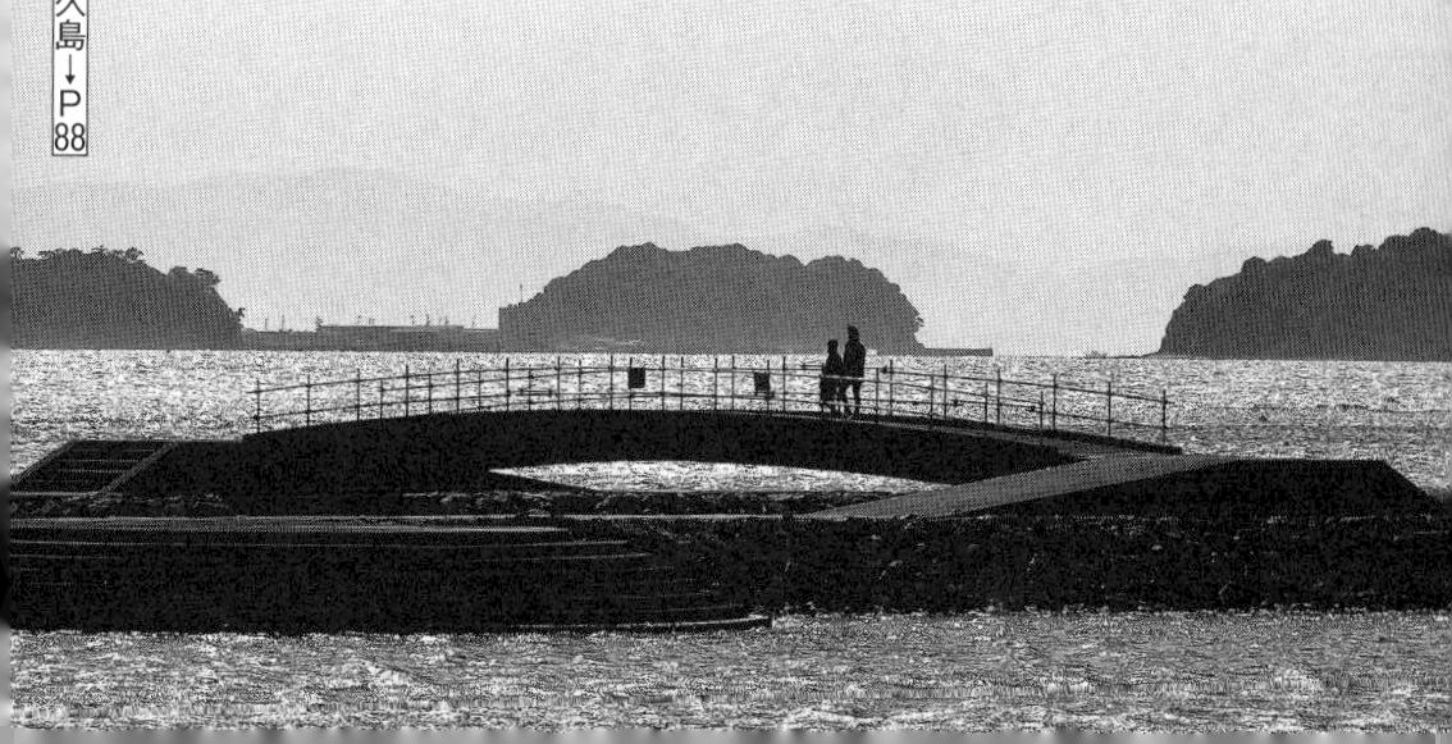

水陸両用バスと名古屋港↓P136

第3章 乗り物も楽しむ徒歩旅行

伊賀と忍者↓P154

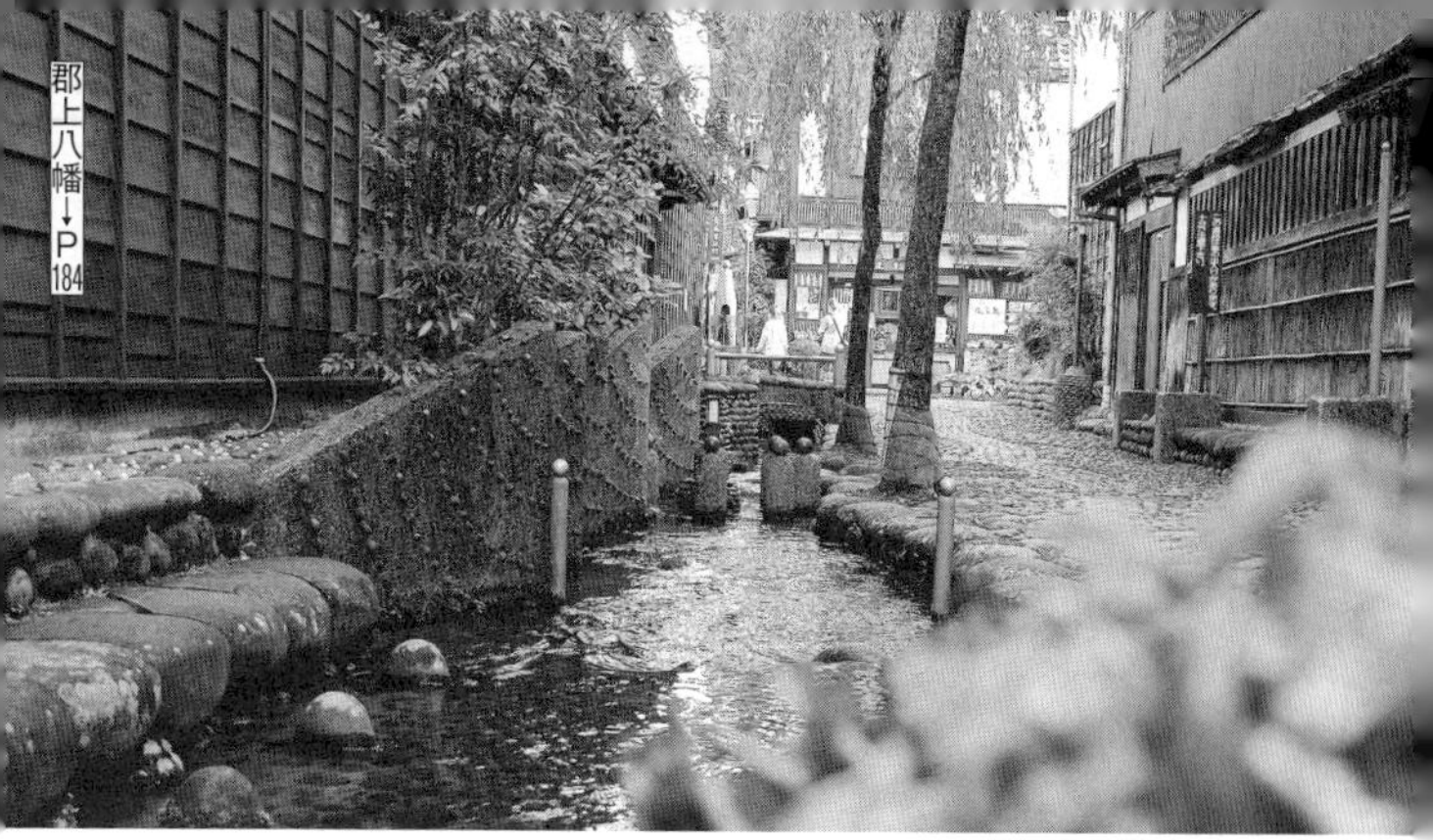

郡上八幡→P184

第4章
歴史を感じる徒歩旅行

第5章
里山を漫遊する徒歩旅行

海上の森と窯垣の小径→P198

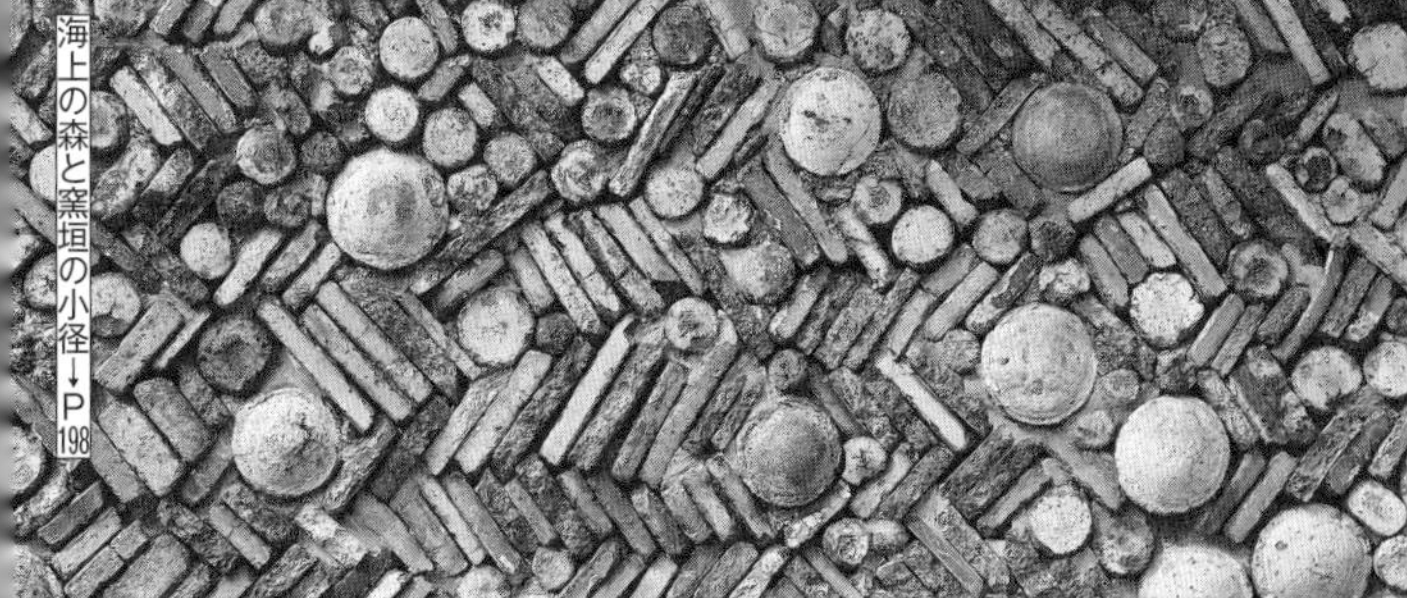

四谷千枚田と鳳来寺→P204

第6章 旧街道を漂う徒歩旅行

赤坂宿から御油宿→P236

美濃町線跡とうだつの町並み→P304

第7章 廃線跡を探る徒歩旅行

伊吹せんろみちと伊吹山→P310

アートディレクション・デザイン・イラスト
吉池康二（アトズ）

写真・編集
佐藤徹也
稲葉 豊（山と溪谷社）

第1章

奇景絶景を巡る徒歩旅行

伝説が伝わる土地、自然が造り上げた不思議な造形、人の営みが築き上げた特異な地形。心が躍るそんな場所を目指してみよう。

御在所岳の山腹に屹立する地蔵岩。どれほど昔からこの姿でいたのかは定かではないが、少なくとも眼下で繰り広げられてきた人類の営みは、すべて目にしてきたのだろう

養老の滝と養老天命反転地

ようろうのたきと
ようろうてんめいはんてんち

岐阜県

酒が湧いてくるという滝と、感覚を反転させる巨大アート

「養老の滝」と聞いて、まず頭に浮かぶのは某居酒屋チェーンというのがちょっと恥ずかしいけれど、そもそもの本家は岐阜県の養老山地にある滝の名前。孝行息子が酒好きのお父さんのために一生懸命働いていたところ、それに感銘を受けた神様が山中に酒が湧きでる滝を現出させてくれたというあの話だ。あらためて考えると、お父さんがそんなに浴びるほど（滝だけに）酒を飲める状態にしてよいのか心配にもなるが、伝説によればおかげで老いたお父さんもすっかり若々しくなったそうなので、まあいいのだろう。

養老という地名自体もこの話が元だというし、さらには噂が都まで届いた結果、元号も「養老」と改元されたというから、当時の驚きぶりはいかばかりだったことか。

こんなうらやましい、いや神秘に満ちた滝なんて、いったいどんな山奥にあるのかと思

いきや、なんと麓の駅から1時間も歩けば辿りつくというではないか。こりゃあ、他人とはいえ孝行息子の功徳にあやかりたいと、ウキウキしつつ足を運んだ。

降りたったのは養老鉄道の養老駅。駅舎を出て振りかえれば、そこには当然「養老駅」と大きな駅名が掲げられているが、よく見るとこの文字はいくつものヒョウタンをパズルよろしく組み合わせて作られている。養老といえば滝伝説、滝伝説といえば酒、酒といえば古来酒器として使われてきたのがヒョウタン製のひさごということなのか。養老は昔からヒョウタンの産地としても知られ、専門店もあるくらいなのだ。

養老鉄道養老駅。屋根からは無数のヒョウタンがぶら下がっている。現在の駅舎は1919(大正8)年に建てられた2代目。瓦葺きに漆喰壁の歴史ある建築物だ。ヒョウタン製の駅名表示も見もの

養老山地へ向かう緩やかな坂道を登っていくと、見えてきたのが養老公園内にある「養老天命反転地」。遠望しただけでは単に遊具を備えた公園にも見えなくないが、さにあらず。これは美術家であり建築家でもある荒川修作がマドリン・ギンズとともに手がけた作品、巨大なアートなのだ。もちろん眺めるだけでなく、実際に内部を歩くこともできる。養老を訪れるなら素通りする手はない。

内部は空間が歪んだような建物や、迷路を彷彿とさせる室内。そして背後にひかえる養老山地からヒントを得たかのような人工の山並みまであって、そのひとつひとつがいちいち興味深い。平坦な場所というのがほとんどなく、そんな場所を這いまわっていると、次第に自分の平衡感覚もおかしくなってくる。

作品なのだから、当然そこには作者の意図はあるのだろうが、それを汲もうと頭をひねるよりも、感じるがままを優先するのがここの楽しみかたかも。

荒川修作は生前、マルセル・デュシャンらとも親交があり、本人もネオダダ運動に参画していたというから、作者の意図なんてどうぞ反転、いや、ひっくり返してくれてけっこうと思っていたのでは。

養老天命反転地で少々体力を消耗してしまったが、まだ養老の滝までは沢を遡らなくて

はならない。ほどほどに切り上げて先を目指す。

週末とあって、養老の滝を目指す家族連れやカップルも多い。散策路は滝から流れでる沢の両岸に整備されており、途中にはいくつも橋が架かっているので、橋を渡ったり渡らなかったりして、あみだくじ状態で道を選ぶことも可能だ。歩いた印象では右岸上部はしっかり整備され、左岸上部は自然状態の山道といったところ。標高を上げるにつれて沢沿いの風が涼気を帯び、汗が引いていく。

やがて岩壁が立ちはだかってくると、その先に養老の滝は現れた。切れ落ちた崖の上からストーンと流れ落ちている。

1995年（平成7年）に開園した養老天命反転地。1万8000平方mに及ぶ敷地内のほとんどは曲線や傾斜で構成され、日常当たり前だと感じている平衡感覚が混乱させられる。歩きやすい足元での来園を

養老の滝からは今も豊富な水(いやお酒か)が流れている。舞い上がる水しぶきが周囲に漂い、それが岩に美しい苔をまとわせている。もしこれが全部お酒だったら、税務署がすっ飛んできそうだ

滝壺には水けむりが沸きたち、それが大気に混じって沢筋を下っている。さっき感じた涼気の正体はこれだったか。

せっかくなので流れ落ちる酒?を味見してみたかったが、散策路からは柵があって断念。もちろんこれは安全対策だと思うが、それと同時に「お客さん、伝説に現実を持ち込むのは野暮というもんですぜ」ということなのだろう。

代わりというわけではないが茶屋に立ちよる。道沿いには昭和を思いださせる茶屋がいくつもあるのだ。頼んだのはこの湧水で仕込んだ、その名も「滝ビール」。養老の滝の帰り道にご当地ビールをいただく。おそらく一番罪悪感を感じ

養老の滝への道沿いには、何軒もの茶屋が営業している。そのひなびた店構えといい、出される食事といい、まさに雰囲気は昭和。昔は海や山に行っても、どこもこんなお店ばっかりだった

ない、山での酒だ。

開かれた戸口には「氷」と書かれた幟が風になびき、店の奥からは静かに演歌のメロディが流れてくる。軒先では湧き水で冷やされた滝ビールや養老サイダーのラベルが波紋に揺れている。

9月に入ったとはいえ、養老の滝はまだまだ夏の趣だった。

DATA

⦿モデルプラン：養老鉄道養老駅→養老天命反転地→養老の滝→養老駅
⦿歩行距離：約5㎞
⦿歩行時間：約2時間
⦿アクセス：近鉄名古屋駅から名古屋線で桑名駅へ約20分。そこから養老鉄道で養老駅まで約40分
⦿立ち寄りスポット情報：養老天命反転地＝養老郡養老町高林1298-2。✆0584-32-0501。9:00～17:00。火曜（祝日の場合翌日）、年末年始休。一般770円

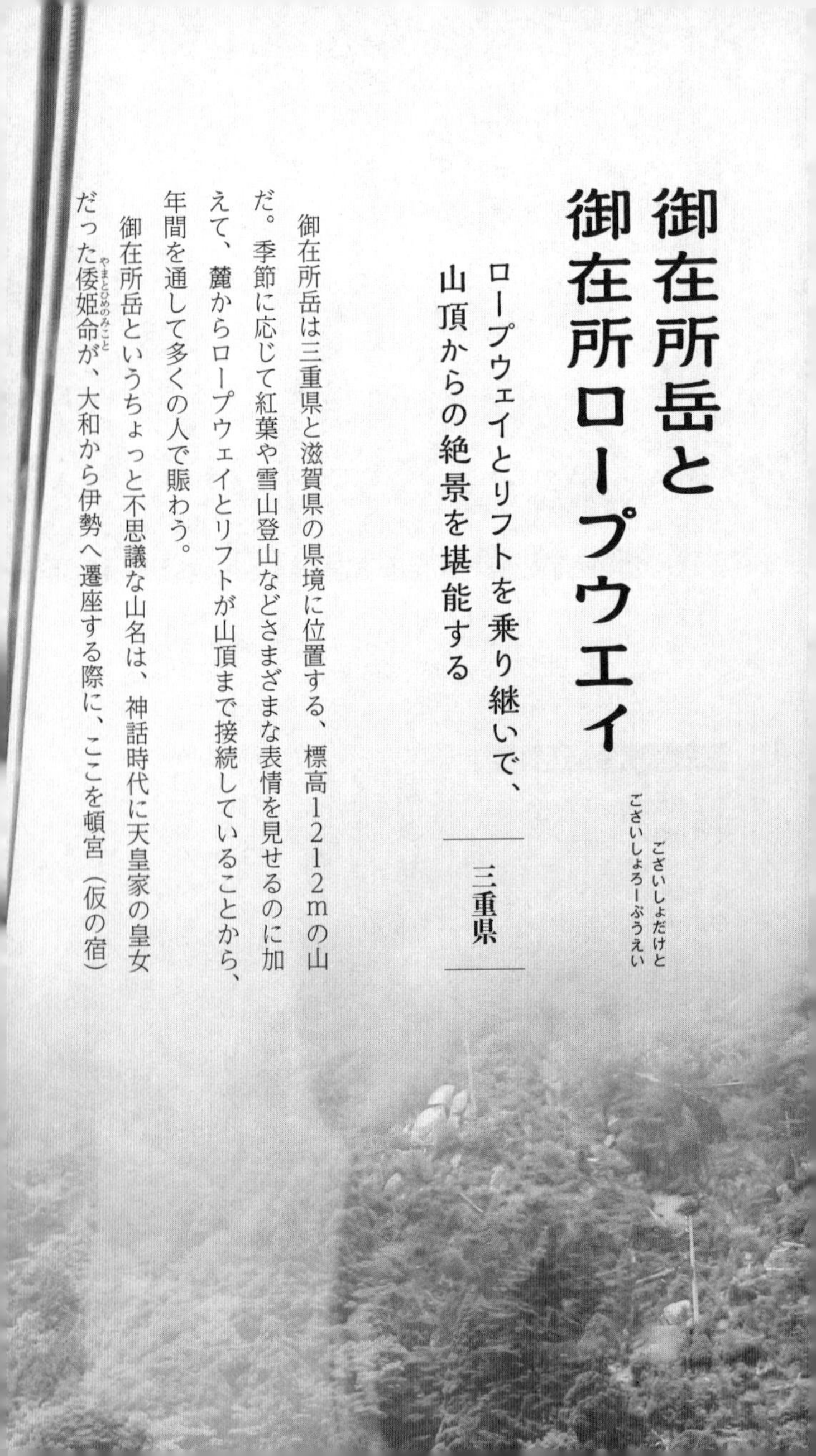

御在所岳と御在所ロープウエイ

ございしょだけとございしょろーぷうえい

三重県

ロープウェイとリフトを乗り継いで、山頂からの絶景を堪能する

御在所岳は三重県と滋賀県の県境に位置する、標高1212mの山だ。季節に応じて紅葉や雪山登山などさまざまな表情を見せるのに加えて、麓からロープウェイとリフトが山頂まで接続していることから、年間を通して多くの人で賑わう。

御在所岳というちょっと不思議な山名は、神話時代に天皇家の皇女だった倭姫命（やまとひめのみこと）が、大和から伊勢へ遷座する際に、ここを頓宮（仮の宿）

山肌を滑り降りてくる雲を縫うようにして、ロープウェイは山頂を目指す。前方に足元だけ見えている白い鉄塔は高さ61m。これはロープウェイ用の鉄塔としては日本一の高さを誇るそうだ

としたことからついた名前だという。さすがにいにしえの都を望む山域だけあって、山の名前にも歴史の重みがある。

登るにあたっては、ロープウェイを当たり前のように利用。昔は自分の脚で登ってこそ山登りなんていうストイックさもあったが、最近はそんなことはおかまいなし。逆に変わった乗り物が楽しくてしかたがない。性格がおおらかになったのか、はたまた単に享楽的になっただけか。そのへんはあまり深掘りしないことにする。

御在所岳へは、近鉄四日市駅から近鉄湯の上線で湯の上温泉駅まで約30分。そこから10分ほどの路線バスでロープウェイ駅。つまり電車、バス、ロープウェイそしてリフトと、乗り物を4種つないで山頂を踏むことになる。

御在所ロープウエイに乗れば、山上公園駅まで780mの標高差を約15分で結ぶ。このロープウェイが興味深いのは、通常は2台の大きなゴンドラが交互に往来する形をとることが多いのに対し、小型ゴンドラが次から次へとやってくる。駅に書かれた運行状況によると、こ

の日の運転台数は28台。つまりロープウェイというよりはリフトのような感覚だ。

車窓から仰ぎみる山頂付近は、どんよりとした雲に隠れている。頂上からの展望は難しいかもと車窓から風景を必死に眺めてみれば、周囲の山並みをはじめ、御在所岳ならではの奇岩の数々、そしてそこへに挑むクライマーの姿が凛々しい。

到着した山上公園駅からはリフトに乗り継ぐ。このリフトもまたおもしろい。これまで乗ったことのあるリフトは、スキー場で見るように上りなら上り一辺倒、下りなら下り一辺倒なのに対し、地形に沿ってアップダウンを繰り返すのだ。しかも途中駅まである。

リフトの頂上駅を降りるとそのすぐ先が御在所岳の頂上。通常、山頂駅というものは、そうはいってもそこからいくらか歩かされるものなのに、ここは本当に降りてすぐ。目の前に一等三角点が鎮座している。

山頂を中心として、先ほどリフトに乗り換えた山上公園駅あたりまでは広々とした園地になっており、ハイカーがあちこちでお弁当を広げている姿はなんとものどか。雲に覆われていた山頂界隈も少しずつ晴れてきて、ときおり伊勢湾や琵琶湖も顔をのぞかせる。

山頂付近では、多くの親子連れが捕虫網を構えて虫捕りに励んでいる。夏の御在所岳はアカトンボが群舞することで知られる。山麓で生まれたアカトンボたちが、盛夏の暑さを

避けて山頂付近までやってくるらしいのだ。つまり彼らもそのアカトンボ狙いだと思うのだが、それにしても多い。そもそもトンボを捕まえても飼育するのは難しいだろう。

そんな疑問は山上公園駅まで下ってきたところで解決した。ある環境団体がアカトンボの分布圏を調べるために、子どもたちへ捕虫網を貸し出していたのだ。捕まえたアカトンボの羽根には御在所岳を意味する「G」を書いてすぐにリリース。のちにGのアカトンボがどこで再捕獲されるかで、その分布域を確認するのだという。理由はどうあれ、子どもたちが捕虫網を持って走り回る姿というのは、

標高1212mの御在所岳山頂に立つ一等三角点。ロープウェイとリフトを利用すれば誰でも簡単に登頂できる。麓にくらべると気温は10℃ほど低いという。晴れていれば眼下には絶景が広がるのだが

湧きたつ入道雲の下、捕虫網を持った親子連れがあちこちで走り回っていた。このとき狙っていたのはアカトンボ。盛夏には麓のトンボたちもここまで避暑にやってくるのだとか

あたかも夏の風物詩で気持ちが和む。

さて、帰路は歩いて下山。これまで全然徒歩旅行してないしね。山頂からはいくつものルートが延びているが、ここでは途中に見どころも多そうな中道というコースを選ぶ。登山地図を見ると途中にいくつか「危」のマークもあるが、いちおう一般道なのでなんとかなるだろう。

そう思って歩き始めてみたが、実際にはこれがなかなかのコース。もちろんしっかり整備はされているのだが、途中には岩稜や鎖場がいくつもあり、集中力が必要な難所が断続的に続く。山歩きに慣れていない人には、ちょっとお勧めできないかも。とくに下りでは恐怖感を感じ

御在所岳山腹にはさまざまな奇岩、珍岩が屹立している。これは、なにがどうなったら、この状態で落ち着くことになったのか悩む「地蔵岩」。「落ちない」ことにあやかって合格祈願にも人気

やすいだろう。体力的には厳しくなるが、登りでこのコースを歩いて下りはロープウェイ、あるいはいっそ登りも下りもロープウェイを利用して、そのぶん山頂付近をのんびりと散策するのも全然いいんじゃないだろうか。

DATA

⦿モデルプラン：湯の山温泉・御在所ロープウエイ前駅→御在所ロープウエイ→山上公園駅→観光リフト→御在所岳山頂→山上公園駅→中道→湯の山温泉・御在所ロープウエイ前駅
⦿歩行距離：約4.5㎞
⦿歩行時間：約3時間
⦿アクセス：起終点の湯の山温泉・御在所ロープウエイ前駅へは近鉄名古屋駅から名古屋線、湯の山線を乗り継いで湯の山温泉駅へ約1時間15分。そこからバスで約10分
⦿立ち寄りスポット情報：御在所ロープウエイ＝三重郡菰野町湯の山温泉。✆059-392-2261。ロープウェイ一般1500円。観光リフト一般350円

赤目四十八滝

忍者の修行場にして オオサンショウウオの生息地で沢歩き

あかめしじゅうはちたき

三重県 奈良県

山登りのジャンルのひとつに、沢登りというのがある。山あいの沢をジャブジャブ歩き、ときには滝を直登したりもして源流を目指すもので、冷たい沢水を浴びながらの山歩きは、まさに夏向けの登山スタイルだ。そのいっぽう、ヘルメットなどの安全装備は必要だし、基本技術も習熟せねばならず、いきなり初心者がひとりでできるものではない。

しかし、それに似た経験ができるのが赤目四十八滝だ。三重県と奈良県の県境近くに位置するここは、「四十八滝」という名前からもわかるように、川の上流域にいくつもの滝が連続して現れる渓流だ。古くは役行者が修行中に、赤い目をしたウシに乗った不動明王に出会ったことから命名されたといわれ、のちには地理的に近い伊賀の忍者たちの修行場としても使われたらしい。そんな神秘的な場所も、今日では遊歩道が整備され、沢登り気

分で名瀑が続く渓谷を遡行することができるのだ。

起点の赤目口駅から10分ほど路線バスに乗れば入口に到着だ。周辺には茶屋や土産物屋が並び、ここが昔から愛されてきた観光地でもあることがわかる。四十八滝への入口はサンショウウオセンターという施設との併用になっているので、まずは入場。この沢には国の特別天然記念物にも指定されているオオサンショウウオが生息しており、センターではオオサンショウウオはもちろん、中国やメキシコ産のさまざまな仲間を飼育している。なかなか間近でみる機会のないオオサンショウウオをじっくり観察した後

最大で1.5m近くまで育つというオオサンショウウオ。水槽内ではのんびりしているように見えるが、実際には泳いでいる魚を捕食するほど俊敏。名前の由来は、山椒のような匂いを持つからとも

深い緑に包まれた赤目四十八滝。足場はしっかり整備されており、快適な沢歩きを楽しめる。それでも高度感のある道沿いではちょっとドキドキすることもある

に、いよいよ渓谷沿いの道へ。

道はしっかりと整備されており、家族連れから若者のグループ、なかにはしっかり登山ウエアに身を固めたハイカーもいて、それぞれが自分たちのスタイルで沢歩きを楽しんでいるようだ。

歩いてすぐに現れる行者滝に始まり、不動滝や大日滝など、修行場だったとされるだけあって信仰にちなんだ滝名も少なくない。滝の姿も小さな滝が連なるものから落差30mもあるものまでさまざまだ。滝と滝をつなぐ道も、滝を高巻くようにかなりの高度差があるかと思えば、のんびりと沢に足を浸けながらお弁当を食べたりできる場所もある。

赤目四十八滝の「四十八」は、実際の数ではなく、あまたあるという意味での名称。この千手滝は、そのなかでもより見事な赤目五滝のひとつに数えられる。滝の「動」と滝壺の「静」の対比が美しい

気づけば足下にはカジカガエルが跳ねていた。そしてその先では、まだ子どものアオダイショウが道を横断していたりして、生き物の姿も豊富。さすがに野生のオオサンショウウオに遭遇することはできなかったが、水面には渓魚の姿も見え、これがオオサンショウウオの餌になったりもしているのだろう。

やがて、最後の岩窟滝に到着すれば赤目四十八滝もおしまい。ほとんどの人は来た道を引き返していく。実際ここはマイカーで訪れる人が多いようで、となれば引き返すのもしかたがない。しかし、バスで来た人間はその限りではない。行けるとこまで行ってやるぜ。というほど

のことでもないけれど、スタート地点とは別の場所にゴールできるのは公共交通利用者のささやかな特権?だ。

道はそこからさらに上流へと続いている。ただし、ここからは遊歩道ではなく完全な登山道。先ほどまで豊かな滝を形成していた沢筋も次第に水量を減らし、部分的にはチョロチョロ流れる程度で、源頭が近いことを教えてくれる。

やがて県道に飛び出すが、ゴールではない。合流点には営業はしていなかったものの茶屋もあって、どうやら昔はここまで路線バスが来ていたらしい。しかし、それも今は昔。マイカー来訪者が増えたから路線バスが消えたのか、あるいはその逆なのか。

ここからはさらに尾根を越えて、現在もバスが通っている落合という場所まで2時間ほどの山歩きなのだが、その登山口には最近クマが出没した旨を警告する張り紙があってドキリとする。なぜならこの日、クマよけ鈴を忘れてきたのだった。周囲には人の姿もない。しかたがないので5分に一度くらいの割合で、「ワーオ!」とか「ホホホーイ!」とか奇声を上げながら先へ進む。急に人が現れたらちょっと恥ずかしい状況だ。

ハイカーは少なそうなのに道はしっかり整備されており、クマに遭遇することもなく無事にゴールの落合バス停に到着。バス停では僕より先に同じ道を歩いてきたご夫婦が寛い

赤目四十八滝からゴールの落合までは、苔むした山道が続いている。一部、路面が崩れて迂回路が設けられていたが、そこ以外はおおむね良好。落合周辺も香落渓と呼ばれる景勝地だ

でいた。そうと知っていれば山中で奇声を上げる必要もなかったのだが、まあ、それは結果論。そこまで県境を沿うように続いていた道は、ゴールで奈良県に少しだけ入りこんでいた。

DATA

⊙モデルプラン：赤目滝バス停→サンショウウオセンター→赤目四十八滝→県道赤目掛線→落合方面登山口→落合バス停
⊙歩行距離：約9㎞
⊙歩行時間：約4時間
⊙アクセス：起点の赤目滝バス停へは近鉄名古屋駅から名古屋線、近鉄大阪急行を乗り継いで約2時間。そこからバスで約10分。終点の落合バス停から名張駅まではバスで30分。いずれも本数は少ない。名張駅からは近鉄大阪急行、名古屋線を乗り継いで近鉄名古屋駅まで約2時間
⊙立ち寄りスポット情報：赤目四十八滝＝名張市赤目町長坂671-1。℡0595-41-1180。8:30～17:00（12～3月第2水曜までは9:00～16:30）。1～3月第2木曜までの木曜、年末休。一般500円

野外民族博物館リトルワールド

やがいみんぞくはくぶつかん りとるわーるど

愛知県

こんな時代だからこそ、近場で世界を旅する喜びを

リトルワールド。初めて訪れたのは二十代だ。仕事で犬山を訪れたついでに立ちよったのだった。そのときの高揚感といったらなかった。広大な敷地に世界各地から移築・復元された伝統的建造物が点在し、内部にも入ることができる。当時の僕は絵に描いたような貧乏暇なしで、旅することもできずに悶々とした日々を送っていた。リトルワールドはそんな旅心を大いに刺激、その後しばらくして、僕は仕事を放り出して旅立つことになった。

そして現在。長い長いコロナ禍の影響で、人はまた国外を旅するのが難しくなっている。僕も3年近く国境をまたげずにいる。だからこそだ。そうだ、リトルワールドへ行こう。そして再び世界を旅できる日のためのリハビリとしようじゃないか。

リトルワールドへは、犬山駅から路線バスに乗って20分ほどで到着だ。広々としたゲー

トをくぐって園内に入ると、いきなり目の前に現れるのが沖縄県石垣島から移築されてきた琉球王朝時代の屋敷だ。伝統的な赤瓦の屋根に琉球石灰岩で築かれた石垣、風通しのよい部屋の構造など、今にも三線の音が聞こえてきそうだ。石垣島はもちろん国内なのだが、それにしてもこのエキゾチック感はどうだろう。

こんな家の縁側に座ってオリオンビールでも飲んだら美味いだろうなあなんて考えつつ、ふと脇にある売店をのぞくと、おいおい、オリオンビールがあるじゃないの。店先で5秒ほど逡巡してしまったが、かろうじて思いとどまる。まだ今日の世界旅行は始まったばかりだ。

かつて多くの小作人を使っていたペルーの大農園領主の家。ここはパティオと呼ばれる中庭。当然、これよりはるかに広い前庭もある。頭上にたなびく紙飾りは期間限定のイベント仕様だそうだ

しかし、これがリトルワールドのもうひとつの魅力でもある。建ち並ぶ各国の建物の多くでは、実際にその国の名物料理をいただくこともできるのだ。

日本の南端である沖縄を後にすると、次に登場したのは北海道の先住民であるアイヌの家だ。一棟だけでなく、分家した息子たちの家や高倉なども復元されており、ちょっとした村のよう。漫画『ゴールデンカムイ』の影響だろうか、多くの若者が興味深そうに見学していた。

その先には台湾の古い大きな農家。ああ、たしか台湾人映画監督の侯孝賢（ホウ・シャオシェン）の作品でこんな家が舞台となっていたなと、今度はスクリーン上での旅の記憶がよみがえる。

その後もネイティブアメリカンの移動式住居であるティピが登場すれば、昔、アウトドア雑誌の取材でティピにキャンプしたことを思い出す。同行したはるかに年下の女性アイドルからボーヤ扱いされたのも、今では懐かしい。ここの建物は、なんだかいろいろ過去の記憶を活性化させてくれる。

そんなことを考えているうちに、次に姿を現したのはバリ島の貴族の家。そしてその向かいには、やはりインドネシアのビンタンビールを売るカフェが。もうダメ。バリ島の特

徴的な家を前にしてビンタンを飲まずにいるなんて、そんなの無理。

しかし、どの建物もそれぞれの間に樹木を配し、さらには土地自体の標高差も生かして、家々が醸しだす世界観がぶつからないようになっている。高台に建てられたネパールの仏教寺院などは、この日の抜けるような青空とのコントラストとも相まって、まるでネパールにいるかのような感覚に陥った。もちろん実際にネパールから仏画師を招聘して、1年半もかけて描きあげた寺院内の曼荼羅も、そこには大きく貢献しているのだろう。

これ以外にも、屋内外を問わずカラフルな幾何学模様で埋め尽くされた南アフ

インドネシアのバリ島貴族の家。ふたつに割れたようなデザインの門はチャンディ・ブンタールと呼ばれ、ヒンドゥー寺院で用いられる様式だ。実際のバリ島でも数多く見られる

世界遺産にも登録されているイタリアはアルベロベッロのトゥルッリ。平らに加工した石灰岩を積み上げた、トンガリ屋根が特徴だ。現地にはこんな家が1500軒あまり連なっているという

リカ内陸部の家を見るにあたっては、「こりゃあ、現物を見にいかなきゃダメだな」と思ったり、南インドのケララ州の家には、死者を送る出すときのみ開かれる立派な扉が備えられていることに驚いたりと、まだまだ世界は未知であふれている。

正直にいうと、リトルワールドを再訪するにあたっては若干の不安もあった。あのときの気持ちの昂ぶりは、あの時代、あの年齢だからこそ感じられたのではないか。二度目は意外と淡々と眺めてしまうのではないかと。

しかしそれは杞憂であった。現物が持つ圧倒的な力を前に五感は大いに刺激され、再び国境を越える日を心待ちにする

家の外観はもちろん、内部にも美しい幾何学模様が描かれた南アフリカ内陸部に住む民族・ンデベレの家。鮮やかな色を使った絵を描くのは女性たちの役目で、すべてフリーハンドによるもの

気持ちはさらに高まった。

実は万が一リトルワールドだけで物足りなかった場合を考えて、ここからさらに最寄り駅まで歩いて帰る徒歩旅行のプランも考えてあったのだが、これまた蛇足であった。リトルワールドを歩くだけで、好奇心はおなかいっぱい満たされた。

DATA

⦿モデルプラン：リトルワールドバス停→石垣島の家→アイヌの家→台湾農家の家→バリ島貴族の家→南アフリカ・ンデベレの家→ネパール仏教寺院→インド・ケララ州の村→リトルワールドバス停

⦿歩行距離：約2.5㎞

⦿歩行時間：約3時間（見学時間含む）

⦿アクセス：起終点のリトルワールドバス停へは、名鉄名古屋駅から犬山線で犬山駅まで約30分。犬山駅からバスで約20分

⦿立ち寄りスポット情報：野外民族博物館リトルワールド＝犬山市今井成沢90-48。☏0568-62-5611。10:00～16:00。不定休。一般1900円

香嵐溪と足助

こうらんけいとあすけ

塩の中継地として栄えた町並みと紅葉の名所を辿る

愛知県

足助は伊那街道の中継地として栄えた町だ。三河湾各地で取れた塩を船や馬で足助まで運び、さらに続く険しい山道に備えて包み直し、ときには各地の塩を調合して品質を整えたうえで、あらためて信州へと運んでいたそうだ。そんなことから足助自体も山中に位置するのに、ここから運ばれた塩は「足助塩」「足助直し」などと呼ばれたと

マンリン小路と呼ばれる細い路地。白壁と板壁にはさまれて緩やかな斜面が続いている。この一画は傾斜地に町家が延びていることから、こういった道が多い

いう。

そういわれて地図上で伊那街道を辿ってみると、その末端にある長野県の地名は「塩尻」。地名には古来続いてきた意味があるんですな。市町村合併なんかを期に、唐突に「さわやか市」みたいな地名を創作するのはどうかと思うよ、ホント。

足助町も平成の大合併で豊田市に編入されたものの、地理的に中央本線から外れていたことが幸か不幸か、今も江戸後期からの町並みが多く残っている。

そんな足助へは名鉄の豊田市駅からバスで向かう。世界に冠たる自動車メーカーの企業城下町から、かつて繁栄した街道筋の町へ。なんだか時代を遡るかのようなバス旅だ。

終点の足助バス停まで乗車すると町の一番奥ま

で行ってしまうので、その少し手前、香嵐渓バス停で下車する。巴川を渡って町中に入れば、足助の古い家並みが見えてくるが、まずは一度北へ向かって足助川を越える。そこには自動車一台がやっと通行できるほどの道が延びており、大きな馬頭観音が祀られている。ここがかつての足助への入口で、この馬頭観音は大正期の馬車組合によるものらしい。細い道も馬が通るためのものだったと思えば、いかにも相応しい。

いにしえの道筋からあらためて足助の町に入って気づくのは、白い漆喰壁が目立つこと。これは同じ愛知の古い家並みでも、黒い板壁が続く海沿いのそれとはずいぶん趣が異なる。実はこの漆喰壁には理由がある。足助の町は1775（安永4）年の大火でほとんど焼失してしまった歴史を持ち、その教訓から耐火性の強い漆喰壁を多用しているのだとか。もうひとつ興味深いのは、同じ通りに並んでいても、妻入りの家と、平入りの家が混在していることで、これもまた大火ののち、江戸後期から明治末にかけて建てられた時代による違いらしい。

通り沿いには一般民家に混じって現役の商家も点在し、趣深い旅館も営業を続けている。蔵造りの書店を見つけて入ってみれば、地元関連の本が充実しており、思わず一冊購入。日用雑貨を商う店の軒先には「バクチク、ロケット、エンマク」と、なんだか物騒な看板

が出ていたが、おそらくこれは獣害対策のものだろう。
　足助の町をひと通り歩き、これまた昔の建物をそのまま利用した小さな食堂でお昼を食べたら、そこからは足助川の南側に位置する山をぐるりと回ってから香嵐渓へと向かう予定だった。
　しかし、あらかじめ地形図で調べておいた山道に入ろうとすると、そこには「立入禁止」の看板とともに封鎖線が。どこかに抜け道はないかと周囲をウロウロしてみても、それらしいところはどこも立入禁止になっており、ロープまで張り巡らされている。土砂崩れでもあったのか、あるいはなにかの工事中か。ここはおと

道なのか個人のお宅なのかよくわからない路地を抜けて奥へ。通っていいのか不安だったが、上からも地元の人らしき人が歩いてきてホッとする。漆喰の白壁が美しい

なしく車道を辿って香嵐渓へと向かう。

季節は11月上旬。そして香嵐渓は紅葉の名所とあって、平日にもかかわらず訪れている人は足助とはくらべものにならない。紅葉のピークはまだは少し先のようだったが、それでもさまざまな飲食店が軒を連ね、猿回しまで絶賛上演中だ。

そんななかを紅葉に包まれながらのんびりと、実にのんびりと歩く。いつも僕の徒歩旅行はいろいろと要素を詰めこみすぎて、結果忙しくなりがちなので、こんなことはちょっと珍しい。これももちろん当初に予定していた山越えを断念したがゆえだ。ときには大人っぽいのんびり旅もいいものだなと思いつつ、来ると

季節は11月とあって、民家の軒下には干し柿が吊されていた。出し入れを容易にするためだろうか。格子戸が外されて、脇に立てかけてある。格子戸ってこういうふうに外せるのか

足助から、もうひと歩きして香嵐渓へ。香嵐渓は紅葉のなか。張りだした大きなモミジの枝が、川面にその紅色を写しこんでいた。ここからは紅葉に包まれながら川沿いを下っていく

きにバスを降りた香嵐渓バス停を目指す。

そして、そういえば帰りのバス時刻はどうだったかなと確認してみれば、10分後に出るバスの次はなんと2時間後。いやさすがに2時間は持てあますでしょと、思わず小走りになる。結局、この日も最後までのんびり旅というわけにはいかなかった。

DATA

⦿モデルプラン：香嵐渓バス停→馬頭観音→足助の町並み→香嵐渓→香嵐渓バス停

⦿歩行距離：約5㎞

⦿歩行時間：約2時間

⦿アクセス：起終点の香嵐渓バス停へは、JR名古屋駅から中央本線で鶴舞駅へ。そこから名古屋市営地下鉄鶴舞線に乗り継いで豊田市駅へ約1時間。豊田市駅からはバスで約50分

⦿立ち寄りスポット情報：足助には内部を見学できる建物もいくつかある

かいづのわじゅう

海津の輪中

岐阜県

水害に抗ってきた人々が築いた、要塞のような町並みを訪ねて

「輪中」ということばを知ったのは、たぶん中学校の社会科の授業。長年、洪水被害に悩まされてきた木曽三川下流域に構築された、集落全体を堤防で囲んだ地形のことだ。まるで水害と戦う要塞のような町並みを、一度目にしてみたかったのだ。

輪中はこの地域にいくつも点在するが、目指したのは岐阜県海津市。ここには輪中にくわしい「海津市歴史民俗資料館」があるので、そこを起点とする。

館内の解説によると、そもそもこの界隈は大昔には海だったそうで、川によって運ばれてきた土や砂が少しずつ堆積して低い土地ができ、そこに人が住み始めたのが輪中の起源とのこと。そんな地形なので洪水にはたびたび見舞われる。それを防ぐために当初は上流側に堤防を築いたものの、次第にその堤防は左右に延伸、やがて下流域でつながり、集落

全体を堤防で囲むようになったそうだ。

しかし、周囲を堤防で囲むことで外からの水害は防げたものの、今度は輪中内部の排水に苦労したという。それはそうだろう。雨は輪中のなかにも降るのだ。明治以降に動力式排水機が整備されるまで、この問題には悩まされたらしい。

資料館の庭には「掘田（ほりた）」と呼ばれる当時の田んぼが再現されている。これは輪中内に少しでも農地を増やそうと考案されたもので、細長い田んぼがあたかも沼に並んで浮いているような状態だ。掘りおこした土を横に積み上げ、それを櫛の歯状の田んぼにしたわけで、なんとも大変な苦労である。

海津市歴史民俗資料館に復元されていた「堀田」。泥濘地の一部を掘り下げ、その土を脇に積み上げることで少し高くなった部分を水田として利用。掘り下げた部分は舟運に使うこともあった

洪水時対策として、住居の一段高い場所に「水屋」と呼ばれる避難小屋を建てることも多く、母屋の構造も川の流れと並行する南北に向けて障子や襖を多用。いざというときにはそれを外して屋内に水を通し、家ごと流失する事態だけは避けたという。

明治に入って行われた木曽三川分流工事の結果、水害は大幅に改善され、昔の様子は姿を消しつつあるというが、ここから南に下った木曽三川公園には、当時の住宅が復元されているというのでそこを目指すことにする。

輪中を歩くなら集落を囲む堤防の上が気持ちよさそうだけど、残念ながらそこは車道として利用され、交通量も多い。気疲れしそうなので、一段下がった集落側の道を選んでみると、こちらは堤防直下のせいか風が流れず、さらには湿度も高くて蒸し暑い。もしかしたら、輪中には盆地みたいな気候特性があるのだろうか。

道沿いに並ぶ家々は、ときには土台に巨大な岩を高く積み、まるでお城の石垣のような状態だ。輪中のなかはゼロメートル地帯なので、少しでも高いところへ家を建てようという工夫なのか。こんな巨大な岩をどこからか運んできて、さらには積み上げて地ならしするなんて、いったいどれだけ費用がかかるのだろう。家によって石垣の高さがまちまちなのは、経済力や家主の性格なども関係しているのか。

また家々には母屋のほかに小さな納屋のような建物が付随していることが多いのだが、それが水屋なのかはちょっとわからない。ときには質問してみたくもあったが、これが意外に気を遣う。だって「これは水屋ですか?」と尋ねて、「母屋です!」なんて答えられたら、相当に失礼な話になってしまうでしょう?

そんなためらいを抱えながらいくつかの集落を抜けていくと、やがて前方に木曽三川公園のランドマークともいえる展望タワーが見えてきた。その少し手前にある高須輪中排水機場の巨大な建物が、黒い煙を吐きながらゴンゴンとうなりを上げている。数日前の大雨で溜まった輪

輪中内ではこのように大きな岩を積み上げて地盤をかさ上げ、その上に家を建てている風景も見られる。たしかにこれなら多少の増水には対応できるだろうが、工事が大変そうだ

木曽三川公園センターに復元されていた「水屋」。水屋には日ごろから食料や飲料水を貯蔵しておいて洪水に備えたほか、畳を敷いた座敷もあり、非常時にはここで暮らしもしたという

中内の水を抜くために、今まさに全力で稼働中なのかもしれない。

木曽三川公園では復元された水屋をまっさきに見学。石垣を積んで母屋より一段高いところに建てられているこの姿がスタンダードな水屋だとすれば、それまで見かけたものはどれもただの納屋ということになる。不躾な質問をしなくてよかった。やはり現役の水屋はもうほとんど残っていないようだ。

展望タワーから周囲を俯瞰する。東西を長良川と揖斐川にはさまれ、その近辺に毛細血管のように広がる小河川やため池。かつては大雨でも降ろうものなら、どこも水浸し状態だったのかもしれない。

川が運んでくる豊かな土壌を利用して人間が文明を発展させてきたのは、「エジプトはナイルのたまもの」ということばで聞き及んでいたが、それと同様の努力と苦労は、この地でも繰り返されてきたのだった。

DATA

⦿モデルプラン：海津市歴史民俗資料館→輪中の町並み→高須輪中排水機場→木曽三川公園
⦿歩行距離：約10㎞
⦿歩行時間：約3時間
⦿アクセス：起点の海津市歴史民俗資料館へは、名鉄名古屋駅から名古屋本線、竹鼻線を乗り継いで新羽島駅へ約1時間。新羽島駅からはバスで約30分。終点の木曽三川公園からはバスで養老鉄道石津駅へ約15分。そこから養老鉄道で桑名駅へ、さらJR関西本線に乗り継いで名古屋駅へ約1時間
⦿立ち寄りスポット情報：海津市歴史民俗資料館＝海津市海津町萱野205-1。✆0584-53-3232。9:30～17:00。月曜、年末年始休。一般310円。木曽三川公園センター＝海津市海津町油島255-3。✆0584-54-5531。9:30～17:00(季節によって変動あり)。毎月第2月曜(4、8、12月のぞく。休日の場合翌平日)、年末年始休。展望タワーは一般630円

おにいわこうえんとなかせんどう

鬼岩公園と中山道

鬼の伝説が伝わる公園から
いにしえの道へとつなぐ旅

岐阜県

そこには鬼が棲んでいたらしい。鬼の名前は「関の太郎」。今から1000年近く昔にやってきて、かつての東山道にあたるこの地で旅人に狼藉を働いていたという。やがて都から派遣された兵士によって成敗されて平安を取り戻したそうで、その場所は現在「鬼岩公園」という名前で整備されている。

鬼岩公園は可児川源流域に沿うように延び、園内には花崗岩の浸食によって形成されたさまざまな奇岩や巨岩が点在。そんななかを周遊することができる。そしてそのまま遡るように歩き続けると、合流するのが東山道を引き継ぐ形で再編された中山道。古道の記憶が絡みあうそんなエリアを目指す。

名鉄広見線を降り立ったのは終点の御嵩(みたけ)駅。ここからはコミュニティバスを利用して、

公園入口の鬼岩ドライブインへ。鬼岩ドライブインには昭和の香り漂う飲食店が並び、これはこれで魅力的だったが、さすがにスタート前からの寄り道は避ける。

公園内には渓谷に沿って進む道と、いきなり標高を上げていく道があり、今回は後者を選ぶ。歩き始めから登りが続くものの、道はしっかりと石段で整備されており不安はない。不安はないのだが、この石段の段差がかなり大きくて息が切れる。もしかしてこれが鬼の歩幅なのかと思いつつ標高を上げていくと、道沿いに突然大きな岩々が現れた。

そのどれもが丸くスベスベだ。たしかにこんな岩が突然山中に現れるのは不思

大きな岩を半分に切ったようにして、真ん中に細道が延びている。これ以外にも鬼岩公園内にはさまざまな巨岩が点在する。麓には温泉施設もあるので、こちらをゴールにするのもいいかも

議。麓からも遠望できるこれらを眺めながら、昔の人たちはそこになにか超自然的な力を感じ、それがいつしか鬼へと変化したのかもしれない。

そんななかに、近年「鬼の一刀岩」と名づけられて人気の岩がある。これはアニメ『鬼滅の刃』で主人公が一刀両断にした巨岩を思わせることからのネーミングらしいが、ここまで登らなくてはならないとは、アニメの聖地巡礼も大変だ。

鬼岩公園内を尾根まで登りつめたら、そこからは北へ続く道を辿って中山道との合流を目指す。尾根筋は樹木に覆われてあまり展望は効かないが、アップダウンも少なく、それまでとはうってかわってのんびりとした山歩きが続く。

一度、道の半分だけロープが張られている場所があった。その意図はよくわからなかったが、もし危険な場所が出てきたら引き返そうと慎重に進んだところ、結局なんの問題もなく舗装道に飛び出す。あれはいったいなんだったのだろう。

やがて道は小さなダム湖をかすめつつさらに北上、いくつかの分岐を越えると中山道と合流だ。位置的には江戸から数えて48番目の宿場である細久手宿と49番目の御嵩宿との中間地点。それまでと変わらぬ土道ではあるが、道幅は一層広くなる。

緩やかな尾根伝いを道は左右にうねりつつ、ときには枝尾根を切り通しで貫くように続

樹木に覆われた中山道を歩いていくとやがて視界が開け、津橋の集落が見えてきた。集落の入口には、江戸時代に酒造業を営んでいたという山内家の立派な石垣跡が草に埋もれていた

く。森林に囲まれるなか、やがて前方に日の光が差し込んできたかと思うと、そこが津橋の集落だった。たかだか数キロ歩いただけなのに、日当たりのいい集落への到着にホッとするのだから、往年の旅人たちもさぞや。この時期、集落はコスモスが満開。軒先には畑で穫れたのだろう、落花生が天日に干され、まさに秋色に染められていた。

津橋でしばし車道と合流ののち、再び昔ながらの細道へ。道すがらには、「クキュー」という奇妙な音を発しながら古来清水を湧かせている、その名も「唄清水」や、石畳を再整備した「謡坂(うとう)の石畳」など、時代を感じさせる風景も多い。

長く曲がりくねって続く「謡坂の石畳」。坂道の苦しさを少しでもまぎらわすために、旅人は唄を歌いながらここを通ったことが名前の由来とか。国の史跡としても指定されている

謡坂の石畳の途中に立っていた「マリア像」と書かれた道標に誘われてみると、そこにはまさに白亜のマリア像が建てられていた。なんでこんな場所にマリア像が？　解説を読むと、1981（昭和56）年に道路工事でこの地にあった古い仏教墓地を掘削したところ、地中から十字架が彫られた石が数多く発見。つまり、隠れキリシタンの墓地だったことが明らかになったそうだ。当時の大動脈である中山道沿いにも彼らは暮らしていたのか。

そういえば、以前訪れた同じく中山道40番目の宿場である野尻宿のお寺にも、十字架を掲げた、いわゆるマリア観音が祀られていた。あれも木曽川対岸の地中

きつい傾斜が続く「牛の鼻欠坂」。坂が厳しすぎて、ここを登るウシの鼻が地面と接触、すり切れてしまうほどだったことからこの名前がつけられたという。ここを下りきれば舗装路に出る

から発見されたという。現代の僕たちが想像するよりも、その信者はずっと多かったのかもしれない。

やがて「牛の鼻欠け坂」と呼ばれる急坂を下っていくと、田んぼを抜けて舗装路に合流。そこからは御嵩宿を経て、起点となった御嵩駅までもうひと歩きだ。

DATA

⦿モデルプラン：鬼岩ドライブイン→鬼岩公園→中山道合流→津橋→唄清水→謡坂の石畳→御嵩駅
⦿歩行距離：約12km
⦿歩行時間：約5時間
⦿アクセス：起点の鬼岩ドライブインへは、名鉄名古屋駅から犬山線で新可児駅へ。そこから広見線に乗り継いで御嵩駅まで約1時間15分。御嵩駅からは御嵩町のコミュニティバス「ふれあいバス」を利用して約30分。ふれあいバスは要予約（℡0574-60-2011）。終点の御嵩駅からは往路を逆に
⦿立ち寄りスポット情報：鬼岩公園（鬼岩観光協会）＝瑞浪市日吉町9514。℡0574-67-0285

やおつちょうとみのかもし
ふくざつとびち

岐阜県

八百津町と美濃加茂市の複雑飛び地

複雑怪奇に入り組んだ、不思議な市と町の境目を旅する

岐阜県南部。木曽川沿いの地形図をぼんやりと眺めていると、奇妙な表記が目にとまった。ちょうど美濃加茂市と八百津町との境目あたりに、とんでもなく複雑な市町境があったのだ。単に境界が入り組んでいるだけではなく、飛び地もそこには紛れてしまっている。いったいなんでこんなことになったのか。

以前訪れた、埼玉県のなかにポツンと存在する東京都の飛び地にくらべれば、こちらは両方とも岐阜県内なので症状（?）は軽いといえるかもしれないが、それにしてもこの釣り糸がからまったような複雑さ。これこそ実際に現場を歩きたくなる地形だ。

一番近いのは名鉄広見線の明智駅。明智駅があるのは岐阜県可児市。美濃加茂市でも八百津町でもないのも不思議だが、そのあたりも歩いていけばきっとわかるさ。

美濃加茂市と八百津町の境界付近。美濃加茂市側に八百津町の飛び地があるだけでなく、境界自体もアメーバが這ったような複雑な線を描いている。いったいどうしてこんなことになったのか

無人駅にしては重厚な造りの明智駅で下車し、駅前を横切る細い車道を北へ。すぐに渡る可児川が市町境になっていたが、その先は御嵩町。八百津も美濃加茂もまだ登場しない。しばらく行くと木曽川の対岸が望め、目指す場所はどうやらそのあたりのようだ。ただし近くに橋がないので、さらに北上したうえで橋を渡って折り返すことになる。

車道を歩きながらふと右手に目を向けると、そこにはちょっと奇妙な様子が。一段高い位置に車道と併走するようにもう一本道が延びている。クルマの往来は皆無なので、どうやら歩行者専用道のようだ。しかしなんでこんなところに唐突

八百津町を目指して歩いている最中、偶然出くわした謎の道。その正体は2001（平成13）年に廃線となってしまった、名鉄八百津線の線路跡だった。線路沿いには信長の小姓だった森蘭丸の菩提寺も

に？　いずれにしても併走するならそちらを歩いたほうが快適そうだと変針したところで、はたと気がついた。この道幅、このカーブの具合、そして一段高い場所を通るルート。もしや、もともと鉄道が走っていたのではないか？

たまたま出会った地元のかたに尋ねると、これが正解。先ほど下車した明智駅から八百津へは、２００１（平成13）年まで名鉄八百津線という鉄道が通っていたのだった。なるほど。明智駅が立派だったのも、もともとは八百津線との接続駅だったと知れば納得だ。現在の八百津への最寄り駅が明智駅というのも。

やがて橋を渡って八百津町へ入り、そ

八百津町と美濃加茂市の境界には、造成されてまだ間もないだろう立派な舗装路が延びていた。左奥に広がる河川敷は、現在工業団地建設のための大がかりな工事が始まっている

こから木曽川沿いを下ったあたりが、地形図で見つけた問題の場所だ。今歩いている道の右が八百津町で、左が美濃加茂市。先へ進むと木曽川の河川敷が現れる。地形図によれば、その一画はほとんどが美濃加茂市だが、そこに細長く八百津町が食いこんでいる。

なんにもない河原だと思っていたのだが、実際に辿りつくといきなり道が真新しく立派なものに変わる。そしてそこに連なるダンプカー。いったいこれはどういうことか。ダンプカーの搬入口を掃除中のおじさんに尋ねてみると、工業団地建設のまっ最中とのこと。はたしてそれは美濃加茂市なのか八百津町なのかと開

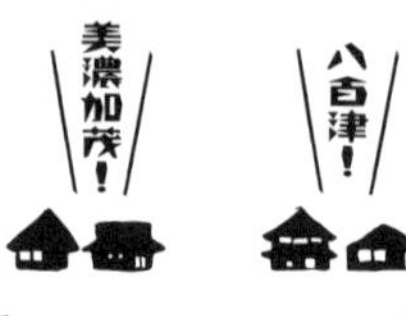

発事業掲示板に目を通せば、そこには両方の地名が併記されていた。

このおじさん、地元出身とのことなので、この複雑町村境についても質問してみると、そこには市町村合併が関係しているらしい。といっても平成のではなく昭和のそれ。

かつてこのあたりには和知村という独立した村があったのだ。それが昭和30年ごろに美濃加茂市へと合併。しかしこの合併をよしとしない和知村の村民もいたそうで、彼らは八百津町への帰属を強く希望。結局これがこじれたまま、極端にいえば各家単位で「うちは八百津!」「うちは美濃加茂!」みたいに分離。現在のような状態になったのだという。

なるほど。それにしてもそこまでして八百津町に帰属したかった人々の思いとはなんだったのか。これは町の歴史が説明してくれた。八百津の町は古くから木曽川を利用したヒノキの搬出港として栄えていたそうで、その繁栄の一端を担っていた家々は八百津町への帰属意識が強く、新興である美濃加茂市への合併に対して難色を示したのではないだろうか。ちなみに八百津町の誕生は1889(明治22)年、美濃加茂市のそれは1954(昭和29)年と、その歴史の差は歴然だ。

おじさんに礼を告げ、複雑な町村境をグルグルと縫いつけるかのように沿いながら歩いてみる。足下に現れるマンホールの蓋には「やおつ」と「みのかも」の文字がランダムに

境界が入り組んだあたりをウロウロと歩いてみた。最初は「ここが八百津であそこが美濃加茂か」と地図を見ながら確認していたが、だんだん混乱してくる。電柱やマンホールの蓋の刻印などが情報に

記され、まさに複雑な境目を示している。土地の利用にも差異があるのか、一棟だけ建った「市営住宅（ということは美濃加茂市か）」の隣地にはずらりとソーラーパネルが並んでいたり、住宅と農地が細かなモザイクのように散りばめられたりしており、このあたりにも境目が反映しているようだった。

ただ、どちらの市町もペットのフン害には苦労しているようで、ある路地では似て非なるデザインの「犬のフン禁止！」看板が仲良く並んでいたのは、なかなか微笑ましい光景だった。

ネットでも調べられるかもしれないが、あえて現場を訪れてみる。フィールドワ

八百津から美濃加茂を西へ向かって歩いていた終盤、古井駅までもうすぐというところで現れたのは小山観音という観音堂。飛騨川に浮かぶ島の上に建っており、橋で渡ってお参りする

ークというほどではないけれど、現場でしか見つけられないものもあるなあ。

さてここからはどうしようか。来た道を戻るのも芸がない。このまま西を目指し高山本線の古井（こび）駅をゴールにしようか。その道のりでまたなにか発見があったらうれしいな。

DATA

⦿モデルプラン：名鉄明智駅→名鉄八百津線廃線跡→下渡橋→八百津町と美濃加茂市の市町境→小山観音→JR高山本線古井駅

⦿歩行距離：約9.5㎞

⦿歩行時間：約3時間

⦿アクセス：起点の明智駅へは名鉄名古屋駅から犬山線で新可児駅へ。そこから広見線に乗り継いで約1時間10分。終点の古井駅からはJR高山本線で岐阜駅へ。そこから東海道本線に乗り継いで名古屋駅へ約1時間15分

⦿立ち寄りスポット情報：小山観音＝美濃加茂市下米田町小山104。℡0574-26-9133

第2章

島に渡って徒歩旅行

名作の舞台となった島、風待ち港として発展した島、連絡船に飛び乗って、知らない島を歩いてみよう。

本土の鳥羽からわずか600mほど東の距離に位置する坂手島。平地はほとんどなく、集落は南側の傾斜地に張りつくように建てられており、そんななかを縫うようにして細い階段が延びている

神島

かみしま

三重県

『潮騒』の舞台を辿りながら、歩いて島を一周する

三島由紀夫の代表作品のひとつである『潮騒』。小さな島を舞台に若い男女の純愛を描いた物語だ。その舞台となったのがこの神島。執筆にあたっては、彼も実際にこの地に滞在して構想を練ったと聞く。小説のみならず、これまで5回も映画化されており、そのときどきの人気女優が主役を演じている。ふだん恋愛映画にはあまり縁がない僕だが、さすがにこの作品は観たことがあった。世代的には山口百恵さんのバージョンだ。そこには島の美しい自然や素朴な集落の様子が

北側の洋上から神島を遠望する。手前の比較的穏やかな地形に集落の家々が立ち並び、その裏手は山になっていることがわかる。山の頂上は標高171m。山の南側の平地に小中学校が建つ

つぶさに描かれていたと記憶している。

そんな作品世界を歩いてみたいと思って神島を目指す。名古屋から半日でも可能は可能なものの、そうなると帰りの船の都合上、島での滞在時間は1時間20分しかなく、さすがにこれは短い。たまには早起きもしてみますかと、いつもより早めに出発した。

神島に到着したら、まずは島を一周する遊歩道に足を踏み入れる。一周2時間ほど。これを辿れば島の要所を見て回れるという、徒歩旅行にうってつけのコースだ。

港から細い路地を抜けて八代(やつしろ)神社へ。この神社では、映画で主役の初江が思いを寄せる新治の航海の無事を祈り、新治は新治で村の繁栄や自分の将来、家族の健康、そして「筋違いのお願いかもしれませんが」と言い訳しつつも、「初江のような彼女ができますように」

神島が位置する伊良湖水道は、阿波の鳴門、音戸の瀬戸と並ぶ海の難所として船乗りから怖れられていた。その安全を図るために建てられたのが神島灯台。「日本の灯台五十選」にも選ばれている

と拝んでいる。それにならったわけではないが、僕も「少しでも本が売れますように」とお門違いのお願いを。

八代神社からは島の山腹を巻くように東に出れば、そこに建っているのが神島灯台。日本三大難所のひとつに数えられる伊良湖水道の安全を守るために、1910（明治43）年に運用開始。現在のものは1967（昭和42）年、鉄筋コンクリート製に改築されたものだ。映画のなかでもここの灯台長の家族が重要な役割を果たすうえに、劇中にも背景として何度か登場する。

神島灯台からは島の最高峰である灯明山方面に50ｍほど標高を稼ぎ、また同じ

くらい南へ下ると現れるのが監的哨跡と呼ばれる戦争遺跡。作品中でも大きな舞台となった場所だ。もともとは戦時中に伊良湖水道へ侵入する敵艦を迎撃するための、砲弾の着弾点観測用に建設された施設とのこと。建物はコンクリートむき出しの様相だが、階段で屋上まで昇ることができる。そこからは伊良湖水道が一望で、なるほどこの地に建てた理由がよくわかる。

　作品中で、初江と新治はお互いの気持ちをここで確認して逢瀬も重ねていたが、実際に来てみると集落からは島の真裏にあたり、道中もそこそこの山道だ。小一時間はかかっただろうか。やはり狭い島

監的哨は、対岸の伊良湖に旧陸軍が配備した大砲の着弾点を観測するための施設。1929(昭和4)年に建設された。建物の高さは7mとはいえ、島の高台にあるため展望は最高だ

社会では、これくらい距離を置かないとコッソリ会うこともままならないのかなんて心配したところで、自分が現実と小説をゴッチャにしていることに気がついた。大丈夫か。

監的哨跡から標高を下げつつ歩いていくと、左手に美しい浜辺が見えてくる。島に来ていながらまだ一度も海にふれていないので、ちょっと休憩。

ここから望む海の先にはひとつの伝説がある。南の沖合約7㎞には、かつて人も生活していたもうひとつの島があったというのだ。しかしあるとき地震と津波で水没。それ以来「絶えの島」と呼ばれていたものが、やがてタイの好漁場として知られるようになり、「鯛の島」と転じて現在に伝わっているそうだ。実際にその海域は水深が浅く、海図にも「鯛島礁」と記されているという。

なんだかムー大陸みたいな話だなと海面を眺めていると、不意に海面から黒くて丸いものがポコポコと浮かんできた。わあ、まさか海底人の出現かとあわててカメラの望遠レンズをのぞいてみると、それらはみんな海女さん。潜り漁の真っ最中だったのだ。獲っているのはサザエやアワビの類だろうか。海女さんのリアルな漁を見るのはこれが初めてかも。

この先、島の西側をぐるりと回りこめば集落は近い。これにて神島一周。集落内には共同井戸や階段が続く路地など、作品に登場した場所も残っている。そういえば、島に戻っ

砂浜に座ってぼんやりと海を眺めていると、海女さんが浮かび上がってきた。当初、小舟が所在なげに浮かんでいるのが不思議だったが、あれは海女さんのサポートだったんだな

てきたばかりの初江は、共同井戸の水汲みがうまくできずに、新治から島の女ではないと看破されるシーンもあった。そんなところを巡り、帰りのフェリーの時間までは、港に戻ってくる海女さんたちの獲物を見せてもらおうかな。

DATA

⊙モデルプラン：神島港→八代神社→神島灯台→監的哨跡→ニワの浜→神島集落→神島港

⊙歩行距離：約3.5㎞

⊙歩行時間：約2時間

⊙アクセス：起点の神島港へは、近鉄名古屋駅から特急利用で鳥羽駅まで約1時間40分。JRの快速「みえ」も便利。鳥羽駅から市営定期船佐田浜桟橋へは徒歩約10分。佐田浜桟橋から神島へは市営定期船で約40分。渥美半島の伊良湖港からの便もあり

⊙立ち寄りスポット情報：八代神社＝神島港から約15分。神島灯台＝神島港から約30分。監的哨跡＝神島港から約50分

答志島
とうしじま

伊勢湾最大の島を東から西へ縦断する

八

三重県

答志島は伊勢湾最大の島だ。それもただ大きいだけじゃなく東西に細長く、その距離は約7㎞。近隣の島はたいてい集落はひとつなのに、ここには三つも存在する。そしてそれらの集落を結ぶように車道が延びており、連絡船もそれぞれの集落に発着している。こんな条件を確認したところで出てくる旅のプランはひとつ。端の港に上陸してそのまま歩いて縦断。反対側の港へ抜けるというものだ。

船を下りたのは島の東端に位置する、その名も答志集落。山がちで平地が少ないのだろう。集落にはビッチリと家屋が建ち並び、その合間には人がすれ違うのがやっとの小径が何本も延びる。そんななかを郵便配達のバイクが器用にすり抜けていく。

路地を歩いてまず不思議だったのが、どの家の玄関にも書かれている、○で囲われた大きな「八」の文字。最初は地番表記かと思ったのだが、書かれているのは八のみ。尋ねてみると、これは魔除けの一種らしい。年に一度、島の八幡神社で行われる祈願祭で手に入れた墨でこれを書くことで、家内安全や大漁が期待できるとのこと。「八」は八幡様の八だったのか。ちなみに読みかたは「まるはち」が正解。

答志の集落には、こんな路地が何本も並行して延びている。軒先には蛸壺や、島で「じんじろ車」と呼ばれる台車が。よく見ると、この路地奥の突き当たりの壁にも「八」の文字が書かれている

この島でもうひとつ特徴的なのが「寝屋子（ねやこ）」という風習。これは中学を卒業した各家の長男は、それ以降、寝屋親と呼ばれる世話人の家で共同生活を続けるそうで、相互扶助の役割を持つほか、一緒に暮らした子どもたちはその後も深い絆

で結ばれるという。実際にそんな彼らと出会う機会はなかったが、集落内を散策しているときに、おばちゃんたちの井戸端会議から「あの子たちは寝屋子だから……」というフレーズが漏れ聞こえてきたのには、なんだかうれしくなってしまった。

さあ、西へ向けて歩きだそう。答志からまずは、標高差20m程度の小さな峠を越えて隣接する和具集落へ。ここの坂道は「へいふり坂」と呼ばれ、その由来は坂を越えるのに力が入って「屁をひる」からとも、坂の途中にある神社の神主さんが幣(へい)を振って大漁を祈願してくれたからともいわれている。

和具の集落をすぎたあたりの道路端に、なにかが一面敷き詰められていた。よく見るとこれはヒジキ。5月はヒジキ漁の盛期のようで、近辺の島々ではどこもヒジキを天日干しする光景が見られた

島の3分の2ほどまで歩いてきたところで、北側の海が初めて見えてきた。静かな入り江の海には波もなく、鏡のような穏やかさ。ここからは島の北側を辿って桃取集落を目指す

和具から道は次第に標高を上げていく。とはいっても道で一番高い場所でも標高90mほどだ。周囲は深い樹林に囲まれて、ときおり樹間から海が顔をのぞかせなければ、ここが島であることを忘れてしまいそうだ。

道はきれいに舗装されているが、人はもちろん、自動車すらほとんど出会わない。まあ、この道は島内で完結しているし、集落間を移動するなら船のほうが手慣れたものなのかもしれない。

地形図を見ると、この道からいくつもの登山道のような小径が派生しており、そんな道に入ってみようとも考えていたのに、なぜか分岐が見つからず、逆に地

形図にはない道が樹林の奥へ延びていたりする。道も生まれたり消えたりしているということか。

中間地点を過ぎたあたりからは緩やかな下りが延々と続く。ヒザに負担もかからない程度の斜度で、自転車だったらペダルも踏まずにのんびりと下りきってしまえるかも。

次第に島の北側の海が眼下に大きく広がってくる。連絡船は島の南を抜けたので、こちら側を目にするのは初めてだ。海面は鏡のように穏やかで、これも周囲の入り組んだ地形によるものか。

島の西に降り立つと道端には湿地が広がっていた。こんなところに湿地なんて珍しい。水に恵まれているのかなと地形図で確認してみると、そこに描かれていたのは水田を示す地図記号。どうやらかつてここは田んぼだったようだ。なんらかの事情で耕作放棄されたということか。傍らには農機具小屋というにはやや立派すぎる小屋が、半壊したまま放置されていた。

やがて、答志島縦断のゴールである桃取集落に到着。答志や和具よりは規模は小さいがこちらも漁師町で、港には漁船が並び、狭い平地に住居が密集する様子も一緒。桟橋の場所が想像したより奥まっていて、予想より若干時間は費やしたが、それでも出航の20分前

桃取集落に入口まで辿りついた。道路をはさんだ海の反対側には湿地が広がっていたが、地形図を見るとそこに記されていたの湿地ではなく田んぼ。以前はここで米を作っていたのだろうか

には待合所でリュックを下ろすことができた。

行ったり来たりせず、ひとつの島を一筆書き状態で延々踏破できたときはなんだかとても気分がいい。共感してくれる人はあまりいないかな。

DATA

⊙モデルプラン：答志港→答志集落→へいふり坂→和具集落→桃取集落→桃取港
⊙歩行距離：約7㎞
⊙歩行時間：約2時間半
⊙アクセス：起点の答志港へは近鉄名古屋駅から特急で鳥羽駅まで約1時間40分。JRの快速「みえ」も便利。鳥羽駅から市営定期船佐田浜桟橋へは徒歩約10分。佐田浜桟橋から答志港へは市営定期船で約30分。終点の桃取港から佐田浜桟橋へは約12分
⊙立ち寄りスポット情報：答志集落から和具集落への途中にある美多羅志神社には、竜に似たその名も「龍神さん」と呼ばれる古木がある。周辺には７世紀ころの古墳も点在

渡鹿野島

あまたの歴史に包まれた島。
渡し船で大ピンチ！

三重県

わたかのじま

伊勢志摩の深い入り江の奥に、ひっそりと隠れるように位置する渡鹿野島。周囲を本土沿岸に囲まれ、島自体はハートマークのような形をしている。その立地から古くより風待ち港として重宝され、船乗りたちが滞在する機会も多かったことから、歓楽の島としても栄えた。ときには「売春島」などと口さがない呼ばれかたもしたが、近年はそのイメージも払拭されつつあり、家族連れや修学旅行生の訪問も増えてきたという。

起点となるのは近鉄の鵜方駅。ここから路線バスに20分乗れば、渡鹿野島渡船場というバス停に到着する。渡船場にはすでに船が待っていて、船内には数人の乗船客が。この渡し船は乗客がいれば随時出港するシステムなので、別にあわてなくてもいいのだが、乗っているお客さんたちがこちらに向ける「早く乗れ」圧力に耐えられず、思わず乗船してし

まう。こういうプレッシャーに弱いな、自分。

出航した船はあっという間に渡鹿野島へ到着。乗船時があわただしかっただけに、下船してからじっくり航路に目を向ける。鵜方駅で買った伊勢志摩名物「てこね寿司」を開きつつ眺めてみると、渡し船は常に2隻が運航しているようで、それぞれが海上ですれ違いつつ往復している。ときには乗客ひとりでも出航しており、まさに随時運航だ。

おなかもふくれたところで島一周へ出発。そうはいっても渡鹿野島の面積はわずかに0・69平方㎞。かつて訪れた琵琶湖に浮かぶ小さな有人島、沖島の半分以

渡鹿野島へ向かう渡し船から島を望む。わずか3分ほどの航海。島を目指すときに一番テンションが上がる瞬間だ。面積0.69平方㎞の島とは思えぬほど立派なホテルが目に入る

下だ。島をぐるりと歩き回っても2時間もあれば十分だろう。

まずは島の東側を巡ってその先にある園地へ。高台に位置する園地からは、海辺で眺めた以上に周囲の複雑な地形が俯瞰できる。眼下に広がるのは的矢カキで知られる的矢湾だ。ずいぶん古そうな石柱が残されており、これは江戸時代、この島を風待ち港として利用した樽廻船への目印として竹竿をくくっていたものの名残だとか。

そこからは尾根道を辿っていったん集落へと戻る。尾根といっても標高はたかだか20m。緩やかに下るにつれて民家が現れはじめ、やがて前海庵というお寺の前に飛び出した。このお寺の入口には、島にしてはめずらしく良質の水が湧く井戸があり、この井戸の存在も船待ち港として栄えた理由のひとつらしい。

集落内をうろうろしていると、はずれには小さな島には不釣り合いな古いアパートなどもあって、このへんは歓楽の島だった時代の名残だろうか。

今度は島の西側を縦に延びる道を北上する。北端にはもうひとつ渡し船の航路があるので、それで対岸の的矢集落へと渡ろうという計画だ。道はしっかり舗装されているものの通る人はいない。地形図を見ればそれも納得。北端にあるのは渡し船の船着き場だけで人家は皆無だ。

集落内を歩いていると、まるで通せんぼをするかのように3匹のネコが一列に並んで昼寝をしていた。こちらが見かけぬ顔だと見るや、脱兎のごとく路地へ駆けこんだ。ネコなのに

少々心細くなりながらも15分ほどで到着。そこは赤堀と呼ばれる場所のようで、待合所には「赤堀待合所」と書かれている。このときちょっとした違和感を感じたのだが、なかに入るとその気持ちはさらに強くなる。壁に貼られた時刻表は平成17年現在のもので、記されている時刻も、今回事前に調べてきたものとは全然違う。

もしやと自分がメモしてきた渡し船の時刻を確認すると、そこに書かれた出港地は「渡鹿野島（和田）」とあるではないか。和田？　ここは赤堀だ。和田ってどこだとオロオロしながら地形図を確認してみれば、和田という地名は見当たら

ないが、和田崎ならある。島の南端、つまりここは真逆の位置だ。場所を間違えたか!? 今から戻るか。いや出航時間まではすでに10分を切っており、さすがに間に合わない。ならばとりあえず時間まで待って、一縷の望みを託してみよう。

自分以外には誰もいない島外れの一角。足元では一匹の大きなクロダイが、岩壁についた海藻をのんびりとついばんでいる。

そして出航予定時間。やはり船は影も形も見せない。さらに10分後。僕が乗るはずだった渡し船が沖合を通過。そのまま的矢へと向かっていった。図らずも自分の失敗を目の前で確認する結果となっ

初めて訪れた島。誰もいない渡船場。時間になってもやってこない渡し船……。不安な気持ちでいっぱいのなか、足元では大きなクロダイが「あわてなさんな」とばかりにのんびりエサをつまんでいた

すっかりあきらめていたところ、沖合を通過する渡し船が突然船首をこちらに向けて、僕に向かって近づいてきた。もう、あらんかぎりの声を上げて手を振りましたよ。無人島かい

てしまった。

どうするか。和田まで戻っても、もうこの日の船はない。来るときに利用した中央桟橋から引き返すしかない。しかし鵜方駅へ戻るバスはあっただろうか。

そんなことをぼーっと考えながら、的矢から戻ってきた船を眺めていたときだった。いったん沖合を通過しかけた船が、途中で進路を変更。こちらに向かってくるではないか。理由はわからないが、とりあえず必死で手を振る。気分はもう無人島の漂着者である。

ほど近くまで寄ってきたところで渡船夫から「どこに渡るの!?」と声がかかり、エンジン音に負けないようありったけの

大声で「的矢です！　ま・と・や！」と返す。ほどなく接舷された船に飛び乗って、まずは最大限の謝意で礼を告げる。

「釣りにしては釣り竿を持ってないし、変だなと思ったんだよ」

　おじさんの話を聞くうちに、自分の失敗理由もわかってきた。実はこの航路は県によって運営されていたのだが、1年前から市に移管。それに伴って便数も減少。ここまでは僕も調べがついていたものの、まさか寄港地も変更になっていようとは。そしてそんな状況下で、ヒッチハイクよろしく乗せてくれようとは。

　こんな奇跡に救われて無事に的矢に到着。40分も歩けば志摩スペイン村だ。ス

なんとか無事に海を渡り、的矢の集落へ到着。的矢はカキの名産地だけあって養殖が盛んだ。対岸左手がさっきまでいた渡鹿野島。右奥は半島側の三ケ所の集落だ。水平線は見えない

的矢からゴールの志摩スペイン村へ向かう途中、深い森のなかに海が少しだけ顔をのぞかせていた。予備知識がなければ、にわかにはこれが海だとは信じられないかもしれない

ペイン村まで行けば鵜方駅行きのバスもある。

いやあ、久しぶりにヒリヒリするような徒歩旅行であった。そんなことを考えながらも海にたくさん浮かぶカキの筏を眺めつつ、どこかで食べられないかな的矢カキ、と早くも興味は次へ移っていた。

DATA

⊙モデルプラン：渡鹿野島中央桟橋→わたかの園地→渡鹿野集落→赤堀待合所→的矢→志摩スペイン村
⊙歩行距離：約3.5㎞
⊙歩行時間：約2時間
⊙アクセス：起点の渡鹿野島中央桟橋へは、近鉄名古屋駅から名古屋線特急利用で鵜方駅まで約2時間。そこからバスで渡鹿野島渡船場バス停まで約20分。渡船場から中央桟橋へは渡し船で約３分。終点の伊勢スペイン村から鵜方駅まではバスで約15分。バスの本数は少ない
⊙立ち寄りスポット情報：本文でもふれたが、現在赤堀から的矢への渡し船はない。渡鹿野集落に近い和田からの出航となる。便数が少ないうえ欠航日もあるので、事前に確認を（志摩市役所建設整備課☎0599-44-0304）

ひまかじまとしのじま

愛知県

日間賀島と篠島

三河湾の島から島へと渡るアイランド・ホッピング

愛知県の知多半島南端に小さな島がふたつ、ぶらさがるように浮かんでいる。島の名前は日間賀島と篠島。どちらも面積は1平方kmにも満たないが、半島側の河和（こうわ）や師崎（もろざき）といった港から連絡船が頻繁に出ている。島民の数も多く、橋で本土とつながっていない島としては、両島は人口密度の高さで日本一と二の座にあるそうだ。

それぞれの島への直行便だけでなく、島同士にも航路があるとなれば、島をつなげての島旅だ。船の時刻を確認しつつアイランド・ホッピング、つまり島巡りに出かけよう。

河和駅から港までは送迎バスもあるが、歩いても10分とかからない。旅のプロローグを楽しむ意味も込め、住宅街を抜けて徒歩で港へ。河和港は三河湾に面していて、三河湾は知多半島と渥美半島が両手を差し伸べているようななかにある。そのため海といっても周

地元のおばちゃんが、たった今獲ってきたばかりという獲物を見せてもらった。ブリにタイ、ホウボウにカサゴ。旅の途中でなければ僕も「譲ってください！」とお願いするところだ

囲の多くは陸地が占めており、水平線が見えるのはわずか。

　そんな海を連絡船に乗ること30分で日間賀島の西港に到着だ。週末だからか、港は観光客で大いに賑わっている。そこをすり抜けるようにして集落に入り込めば、さすがに人口密度が高いだけあって、決して広いとはいえない集落にはびっしりと人家が密集している。毛細血管のように枝分かれする路地を歩いていると、背後から年配のかたが乗ったスクーターが追い抜いていく。この島は道が狭いのでスクーターの需要が高いという話は聞いていたが、こんな細道まで走るのか。

　道端に軽トラックを停めて、荷台の魚

日間賀島はタコの名産地だけあって、港にも蛸壺がずらりと並ぶ。蛸壺にはみんな記号のようなものが書かれており、おそらくはそれぞれの漁師の屋号なのだろう。僕も店でタコ串を買ってパクリ

を仕分けるおばちゃんがいたので、その様子を眺めさせてもらう。たった今底引き網で獲ってきたばかりだそうで、ブリやキス、イカにホウボウと魚種は多彩だ。ご近所さんと思しき人が集まってきて、それぞれに引き取られていくようだ。

また、この島はタコとフグの産地としても知られており、途中で立ち寄った資料館には、そんな島の漁の歴史に関するさまざまな漁具が展示されていた。

やがて島のもうひとつの玄関口である東港に到着。ここで隣の篠島へと渡る船を待つ。待合所近くのカフェに寄ってみると、フグの唐揚げがオススメとあったので注文。そういえば、さっき見せても

篠島の港に飾られていた巨大なタイのハリボテ。篠島では毎年伊勢神宮へ塩漬けにしたタイを奉納する、「おんべ鯛」と呼ばれる祭礼が行われており、その歴史は1000年を越えるそうだ

らった収獲にもサバフグがいたのを思い出し、尋ねてみればやはりサバフグ。サバフグには毒がないので、こういった店でも手軽に出せるのだろう。熱々のを頬張れば、まるで鶏肉のような弾力とふくよかな旨味が口の中に広がる。

しばらくしてやってきた連絡船に乗り込めば、わずか5分ほどで篠島に到着だ。港に降り立つと、いきなり巨大なタイのハリボテが飾られていた。この島では毎年「おんべ鯛」と呼ばれる行事で、伊勢神宮に鯛を奉納しているそうなので、それに関係するものなのだろう。

港には漁船がずらりと並び、この島もまた漁業が盛んなことがわかる。とくに

シラスの漁獲量は日本有数とのこと。船首部分に独特の唐草模様が描かれた船が多く、これもまた島独特のものだそうで、島の造船所で造られた船に施されているという。

集落に入ってみれば、山がちな地形のなかに細かな道が入り組んでいる。その複雑さは日間賀島以上で、ぼんやりしてるとすぐに方向感覚を失ってしまいそうだ。

途中でお参りした神明神社は、20年に一度、伊勢神宮が遷宮されるたびに出る古材が下賜され、それで社を建て直すそう。そしてそのときに出た神明神社の古材は、今度は八王子社という島のもうひとつの神社に下賜されるという。町並みを抜けて島の尾根沿いを歩いてみても、あちこちに石仏が祀られており、どうやらここは信仰深い島のようだ。

ぐるりと島を一周して船着き場に戻ってみれば、海には傾きかけた夕日が美しい。島を去る船のデッキでは、冷えてきた海風にもかかわらず、多くの人が沈みゆく太陽を眺めながら、しきりにスマホのシャッターを切っていた。

追記。実はこの旅の後、名古屋の酒場で興味深い話を聞いた。その酒場で働いていた女性が篠島出身で、島の事情にくわしかったのだ。なかでも気になったのが、僕も訪れた神明神社と八王子社。実はこのふたつの神社は、例えていうと七夕の彦星と織姫のような関係にあたるそうで、年に一度、1月3日の夜に神明神社の神様が八王子社を訪ねるのだと

日間賀島から眺める篠島。標高は低いながらも、起伏に富んだ様子がうかがえる。手前にぽっこりとある小さな島は築見島という無人島。篠島と築見島は、奈良時代あたりまでは地続きだったらしい

か。その夜、島民は外出を控えるのはもちろんのこと、家中の電気もすべて消して神々の夜を迎えるという。うーん、なんだか1月3日に行ってみたくなってくるじゃないか篠島。いや、たとえ行っても宿からは出られないのか。

DATA

⊙モデルプラン：日間賀島西港→西里集落→日間賀島資料館→日間賀島東港→篠島港→篠島集落→神明神社→八王子社→篠島港

⊙歩行距離：約5.5㎞

⊙歩行時間：約3時間

⊙アクセス：起点の日間賀島西港へは、名鉄名古屋駅から名古屋線で河和駅まで約50分。駅から河和港まで徒歩で約8分。河和港からは船で約20分。河和より南に位置する師崎からも便あり。日間賀島東港から篠島港までは船で約10分。篠島港から河和港へは約35分。いずれも名鉄海上観光船

⊙立ち寄りスポット情報：日間賀島資料館＝知多郡南知多町日間賀島東側83。☏0569-68-2388（日間賀島観光協会）。9:00～17:00。無料。※サバフグには有毒の近縁種もあり、素人判断は危険

さくしま

佐久島

アートと名物丼と黒の集落を巡る島旅

愛知県

佐久島は同じ三河湾に隣接する日間賀島、篠島と合わせて、「三河三島」とも呼ばれている。そのいっぽう、日間賀島と篠島は知多半島南端の南知多町に所属するのに対し、佐久島は西三河の西尾市の一部である。日間賀島と篠島にはお互い行き交う連絡船があるが、自治体が異なる佐久島はそれらの島と結ぶ船がない。自治体の違いが公共交通の不便さを産むのは「島あるある」のひとつだけれど、そこをなんとかと思うのは島旅好きの切なる願い。複数自治体を交差する連絡船があれば、島旅の奥行きはもっと深まるのになあ。

そんな事情から、佐久島を訪ねるには名鉄西尾線の西尾駅からバスに乗り継ぎ、そこからさらに市営の渡船に乗る。佐久島の大きさは周囲11・8㎞、最大標高38m。到着した西港からもうひとつの玄関口である東港までは、最短距離で歩けば約30分という近さだ。あ

ちこち道草を食べながらでも、半日徒歩旅行にはちょうどいい広さといえる。
　港に着いたら、まずは集落に迷いこんでみる。ほかの島と同様、この集落もクモの巣のような細かな路地が張り巡らされており、そんなところをうろうろするのが楽しい。たとえ迷っても、島の規模を考えればどうしたってすぐに海に飛び出すはずだ。
　島の家並みには黒く塗られた壁が多く、近郊のほかの古い街並み同様、潮風から守るためにコールタールが塗られたのだろう。ときおりすれ違う地元のかたに挨拶をすれば、「はい、こんにちは」と返してくれるのが気持ちいい。こういうの、

一面を黒く塗られた壁が続く佐久島の集落。これは、もともとは潮風から建物を守るためにコールタールを塗布していたもの。今日では島の景観として親しまれ、積極的に保存活動が行われている

観光客同士では不思議とやらないよね。

やがて浜へと続く細道を抜けてみると、そこにはやはり黒塗りの、しかしどう考えても住居ではない巨大な立方体の構造物が建っていた。まるでモノリスのような雰囲気だが、実はこれ、『おひるねハウス』と呼ばれるアートなのだ。内部は九等分に、まるでウナギの寝床のように仕切られていて、自由に出入りしてもよい仕組み。目の前に青い海が広がるとあって、ここで多くの人が記念写真を撮っている。佐久島にはこれ以外にも20以上もの芸術作品が点在しており、アート巡りが目的で来島する人も少なくない。

ほかにも、大正時代に賑わった佐久島八十八ヶ所の弘法道巡りを復活させたりと、島の人たちはこの島の大きさを上手に活用して来島者を迎えているようだった。

おひるねハウスからは引き潮なのを利用して、岸辺の岩場を伝って東へ。公道なのか民家の小径なのかもわからないよ

佐久島にあるさまざまなアート作品のなかでも人気が高いのが、この『おひるねハウス』。建築家の南川祐輝さんによる作品。みんなこのなかに入って思い思いにごろ寝を楽しんでいた

うな道を抜けて山のなかに入りこむと、そこには山道が延びていた。幅も広くしっかりしていて、春には周囲を覆うヤブツバキの花が満開となることから、椿ロードとも呼ばれているらしい。島の人に尋ねてみると、かつてミカン畑などの農道として使われていたそうで、軽トラックくらいなら往来できるのかもしれない。

山から南へ下ってくると、再び海辺に現れたアートは『カモメの駐車場』。これは石積みの堤防上に並べられた数十という数のカモメの風見鶏だ。風見鶏なので、風向きによってすべてがいっせいに同じ方向を向くのが楽しい。カモメを支える軸の接続部分が、回転時に「キイキイ」とあたかもカモメの鳴き声のように軋むのは意図的なのか偶然なのか。

ここまで来れば東港まではあと少しの距離だ。おなかも空いてきたので小さな食堂に入ってみると、島の名物だという オオアサリを使った丼物があったのでそれを注文。オオアサ

こちらは現代美術家の木村崇人さんによる『カモメの駐車場』。風向きによって、いっせいに向いている方向を変える。この作品にかぎらず、海辺に作られているものはメンテナンスが大変そうだ

リというのは正式和名ウチムラサキガイという種類で、おなじみのアサリとは属が異なるが、それでも大きくてなおかつプックリと柔らかい身を卵でとじたオオアサリ丼は、あっという間に胃袋に収まった。

さあ、帰りの船の出航時間まではまだ小一時間ある。その時間を利用して、島の東端にある新谷海岸という浜に行ってみよう。なんでもその小さな砂浜の砂は紫色がかっているそうで、紫色を帯びたムール貝の貝殻が砕けて混じっているのがその理由とのこと。そういえばさっき食べたオオアサリことウチムラサキガイ。あれも貝殻の裏側が紫色をしていること

佐久島からの帰路。強い風にあおられて、連絡船は大いに揺れた。いつも島旅の最後は船上から島の全景を撮ることにしているのだが、このときは「危険ですので船内に入って」の声に、これが精一杯

から、そんな名前がついたと聞く。もしかして名産であるこっちの貝のほうが、新谷海岸の不思議な色に関係していてもおかしくはないのではないか。勝手に思いついたそんな説を証明すべく、ひとり浜へ向かって歩いていく。どうやって証明したらいいのかは全然思いつかなかったが。

DATA

⦿モデルプラン：佐久島西港→西の集落→おひるねハウス→椿ロード→カモメの駐車場→東の集落→佐久島東港
⦿歩行距離：約4㎞
⦿歩行時間：約2時間
⦿アクセス：起点の佐久島西港へは、名鉄名古屋駅から名古屋本線で西尾駅へ約50分。そこからバスで一色さかな広場・佐久島行船乗り場バス停(一色港)まで約30分。佐久島西港までは佐久島渡船で約20分。終点の佐久島東港からは西港経由で一色港まで約25分
⦿立ち寄りスポット情報：おひるねハウス＝佐久島石垣海岸。カモメの駐車場＝大浦海水浴場。☏0563-72-9607(西尾市役所佐久島振興課)

坂手島

さかてじま

三重県

小さな小学校跡に刻まれた、島の大きな記憶

三重県鳥羽市の沖合には、いくつもの島々が肩を寄せ合うように浮かんでいるが、そのなかでも有人島としては最少クラスなのが坂手島だ。面積わずか0・5平方km。周囲3・8km。山がちな地形の南斜面に唯一の集落がある。鳥羽の桟橋から船でわずか10分の距離とあって、島から通勤通学する人も少なくないそうだ。島の北は断崖が続き、道が抜けているのは南半分だけ。そんな小さな島の様子を知りたくて歩いてみた。

鳥羽から出港すればすぐ目前に坂手島はあるのだが、その背後の菅島やせりだしている本土の風景とからまり合い、坂手島全体のシルエットをなかなか判別できない。到着する間際になってきたあたりで、ようやく島の全体像を把握することができた。

下船客は十数人といったところか。僕以外に観光風の人は、リュックを背にトレッキン

グポールを手にしたハイカーのみ。あとは宅配便の制服を着た女性がいて、一瞬？となったものの、下船して理由がわかった。島には自動車がないのだ。つまり荷物を積んだ台車ごと船に乗って配達ということだろう。大変そうだなあと思ったら、案の定、階段が多い島のなかで、彼女とは何度もすれ違うこととなった。

漁船が並ぶ港を抜けて、まずは島の東へ海沿いを歩く。山の斜面が海ギリギリまで迫っているので、どの家もそこにへばりつくように横並びに連なっている。家々の隙間を抜ける路地を見れば、なるほどこれではクルマの往来は難しい。かわりにどの家の前にも必ずといっていい

傾斜地に広がる坂手島の集落には、当たり前だが細く長い階段路地が続く。階段の縁が白く塗られているのは、暗いときの視認性向上のためか。そんな道を宅配便の女性が何度も往復していた

どの家の軒先にも並んでいる台車。既製品のショッピングカートからハンドメイド感あふれるものまで、そのデザインはさまざまだ。しかし、これがあっても階段路地は難儀しそうだ

くらい置かれているのが、大きなカゴに四輪をつけたショッピングカートのようなもの。クルマがない以上、たくさんの荷物を運ぶときには活躍するだろう。

ちなみにこれと同様のものは隣りの答志島でも愛用されている。あちらではこの道具のことを「じんじろ車」という不思議な名前で呼んでいたので、この島でもそれに類する名前がつけられているのかと島の女性に尋ねてみると、「ごろごろね。答志ではじんじろなんて呼ぶみたいだけど、坂手では普通にごろごろ」。

ごろごろが普通かどうかはおいといて、近いところでは2㎞弱しか離れていないふたつの島なのに、そこでは異なる文化

島の南端にある港から、半時計回りに海沿いの小径を北上してみた。
途中にあった、夏場にはいい日陰を作ってくれそうな枝ぶりの樹。
この先の姫の浜周辺にも、かつては集落があったそうだ

が育っているというのがおもしろい。たとえどんな小さな島でも、そこには独立した文化が発生するのが島の魅力のひとつだろう。

島の南から東へと続く道は、姫の浜と呼ばれる砂浜で途切れていた。干潮時なら岩伝いにその先へも行けるのかもしれなかったが、現状の潮回りでは無理。やってきた道をとって返す。

再び集落へ戻ったところで、今度は階段を登って集落の上部へ。岸辺から島の奥へと続くのはどれも急傾斜の階段道。その階段沿いに家が建ち並んでいる。一番上のほうにあった一軒のおうちではおばあちゃんが庭いじりをしていたので、

挨拶がてらにこの階段について尋ねると、「そうなの！　荷物を全部持ってこれをあがらないとなんなくて。だんだん身体もいうこと聞かんなってきたし、どうしようかと……」。高齢化に伴う生活のインフラ問題。これはもはや日本全国が抱えるものだ。それでも直後に「このすぐ上に昔の小学校があるから行ってみて」と、島の展望スポットを教えてくれる。

教え通りに登ってみると、そこには広々とした校庭があり、奥には校舎が建っていた。表札によると、ここは「鳥羽市立坂手小学校」跡。島にはもう小学校すらないのだ。

校庭には昇り棒や雲梯など、懐かしい遊具が今もそのままになっている。どれも真っ赤に錆びていて、さすがに大人の体重をかけるのは怖い。ジャングルジムに至っては下から樹木が生え放題となっていて、本当のジャングルみたいだった。

しかしそのわりには校庭には雑草も生えずにきれいなものだなと眺めていたら、この日もひとりで草刈りをするおじいさんがいた。聞けば「あの体育館は平成になってできたもんだからまだ丈夫で、島の緊急避難所になっとります。上に建ってるのが昔の校舎で、あれが伊勢湾台風にやられたときに新築されたのがこっちの校舎ですわ。コンクリート造りなんですが潮風にやられてしまって。雨漏りしている場所すらわからんのです。老人ホームにしようという話も出てますが、どうなることやら……」

廃校になった坂手小学校の校庭には、当時の子どもたちが遊んでいたであろう遊具がそのまま残されていた。どれも老朽化が進んでいたが、なかでもこのジャングルジムはその名の通り密林状態

伊勢湾台風は1959（昭和34）年に発生。三重県と愛知県にとくに甚大な被害を及ぼしたが、さすがに伊勢湾の島でその話を聞くのは重みがある。ちなみに坂手小学校が廃校になったのは2012（平成24）年のことだそうだ。

そろそろ、島を離れる船の時間が近づいてきた。おじいさんに別れを告げ、再び集落へ戻ると、その中心部にあったのがピンク色の壁をした一軒の雑貨屋。現在はもう営業していないが、ここは江戸川乱歩の妻である隆（たか）さんの生家。若き日の乱歩が鳥羽の造船所で働いていたころ、「鳥羽おとぎ会」という集まりで先ほどの小学校を訪れた際に出会ったとか。

左に見えるのが江戸川乱歩の妻、隆さんの生家。村万商店という雑貨屋を営業していた。店の前が小さな広場のようになっているので、おそらくここが島の中心部なのだろう

そういえば江戸川乱歩には『パノラマ島奇譚』という島を舞台にした物語があるが、あの話の着想を得たのが、この島や今は橋で陸続きになっている真珠のミキモトの真珠島という説がある。

それにしてもあの小学校にかつて乱歩が。小さな島にも歴史あり。

DATA

◎モデルプラン：坂手港→坂手集落→姫の浜→坂手小学校跡→江戸川乱歩の妻生家→坂手港
◎歩行距離：約3㎞
◎歩行時間：約1時間半
◎アクセス：起終点の坂手港へは、近鉄名古屋駅から特急利用で鳥羽駅まで約1時間40分。JRの快速「みえ」も便利。鳥羽駅から鳥羽市営定期船佐田浜桟橋へは徒歩約10分。佐田浜桟橋から坂手島へは市営定期船で約10分
◎立ち寄りスポット情報：坂手小学校跡＝鳥羽市坂手町935。旧村万商店(江戸川乱歩の妻生家)＝三重県鳥羽市坂手町。☏0599-25-1157(鳥羽市観光課)

第3章

乗り物も楽しむ徒歩旅行

20世紀が夢見た鉄道、数を減らしゆく渡し船、
小さな車輌で奮闘する軽便鉄道、
魅力あふれる乗り物を目指して今日も歩く。

豊川を渡る渡し船に乗るために、渡船場までの公共交通を探したところ、なんと路面電車で近くまで行けることが判明。路面電車と渡し船の乗り継ぎって、日本中探してもけっこうレアかも

りにあもーたーかーと
がいどうぇいばす

リニアモーターカーとガイドウェイバス

愛知県

昭和世代が夢見た浮上式リニアモーターカーを目指せ

昭和の子にとって、リニアモーターカーはまさに未来だった。描かれた姿は新幹線をはるかにしのぐ流線型で、こんな乗り物が走る日が来るのかと幼心にワクワクした。現実には鉄道の主役はいまだに新幹線。現在進行形のリニア工事を見ても、環境問題などを前に、もはや諸手を挙げて心待ちにできる純粋さは失われてしまった。

21世紀早々に開通した東京の地下鉄大江戸線がリニアモーター採用と知ったときには驚いたが、その実はリニアモーターを使っているものの、相も変わらず車輪でゴロゴロ走る方式だったのにはがっかり。リニアモーターカーといえばやっぱり浮上式でしょう!

そして2005年に名古屋で開催された「愛・地球博」のアクセス鉄道に、ついに浮上式リニアが実用化。名前はリニモ。とうとう未来がやってきた。これは乗りにいかなくて

は思いつつも、すでに17年の年月が経ってしまった。大人になるとはこういうことか。

もうひとつ。名古屋にはガイドウェイバスというこれまた斬新なバスもあって、こっちも前々から目をつけていた。ならば両者を乗り継ごうじゃないか。ふたつの路線は離れてるって？　そんなときこそ徒歩旅行の出番なのだよ。

ガイドウェイバスの愛称は「ゆとりーとライン」。起点は大曽根駅だ。バスなのに、乗るには高架駅に上がる必要がある。つまり、モノレールのように上空の専用道を走るのだ。ホームからは緩やかな曲線を描いて道路が延び、やがてそこ

見た目は普通のバスとあまり変わらないような気もするし、まったく違うようにも見えるガイドウェイバスの走行風景。専用道を走っているうちは渋滞知らずだろう

を1台のバスがやってきた。大曽根駅は起点なのでバスはここで折り返すのだが、電車と違ってバスの運転席は片側にしかない。どうするんだと眺めていたら、ホームの先にちゃんと転回スペースが用意されていた。

乗り心地は普通のバスとほぼ一緒。いっぽう、カーブやアップダウンが多くて運転手は大変だろうと想像したが、道のサイドにはガイドウェイと呼ばれる側壁があり、バスはこれに誘導されて走るため、運転士のハンドル操作は不要なのだった。ガイドウェイバスという名前の由来もこれにある。

このバスを小幡緑地駅で下車。ここからバスは一般車道へと入っていく。この分岐、逆に一般車が誤進入しないか心配だったが、確認してみると巨大な「一般車進入禁止」という看板が掲げられており、やはりそういうおっちょこちょい対策は必要なんですな。

ここからは徒歩旅行だ。ひとつ前の「白沢渓谷」という駅名が気になったので、まずはそこへ。辿りついてみると周囲は広大な自然公園で、白沢渓谷というのは防災のために白沢川を流路変更してできた人工の渓谷だった。マンションに囲まれ、渓谷自体も護岸が施されているが、それでも子どもたちは玉網を手になにか捕まえようと夢中だ。

さあ、リニモを目指して南下だ、と思ったらいきなりハイソな町並みに迷いこむ。並ぶ

のは豪邸ばかりで、名古屋なのに駐車場にはトヨタ車がない！　それどころか国産車もない。あるのは高そうな欧州車ばかり。地名も「翠松園」となんだか立派。あとから調べると、この一帯は大正時代に開発された高級住宅街らしい。そんな地区を地図片手にリュックを背負ったおじさんがウロウロ。どう見ても不審者だ。

翠松園を抜けたら最短ルートでリニモの起点、藤が丘駅へ。いよいよ憧れのリニアモーターカーにご対面だ。それはパッと見には東京の「ゆりかもめ」にも似た、いわゆる新都市交通。できれば激しく流線形にしてほしいところだけど、そこまで超高速を出すわけではないのでし

白沢渓谷では、親子連れが一生懸命なにかを捕っていた。河川改修に伴って造られた人工の渓谷とはいえ、名古屋の中心からほど近いところにあるこの環境は貴重な存在だろう

かたがない。

　車内に座ったとき、ひとつひらめいた。リュックに常備のコンパスを持ち出して、出発にあたって針の動きをチェックしてみようじゃないか。リニモは磁気で車体を完全に浮上させている。そこには強力な磁場が発生しているに違いない。針がグルグル回り出したらおもしろいな。発車前の状態をチェックすると、当たり前だが赤い針は北を指示している。

　発車アナウンスがあり、リニモは静かに動き出す。その瞬間、おお！　針が１８０度、つまり赤い針が真逆の南を指したではないか。加速するたびに針は小刻みに震えるものの、逆転現象はそのま

子どものころに憧れた、浮上式リニアモーターカー「リニモ」についに乗車。昭和がイメージしたルックスとは少々異なるが、そもそも超高速を目指したものではないのでやむを得ない

まだ。やはりこれだけ大きなものを動かすのに相当な磁場が発生しているのか。コンパスが狂うとされる場所として昔から富士の樹海が知られているが、そこにもうひとつ、リニモもそんなスポットだったか。リニモの車内では道迷いにご注意を。

リニモは浮上しながら走るだけあって、加減速に伴う前後への荷重はときどき感じるものの、上下の揺れはほとんどない。これが未来の鉄道の乗り心地か。

終点の八草駅で下車した瞬間、コンパスは再び正しい方角を示しはじめた。

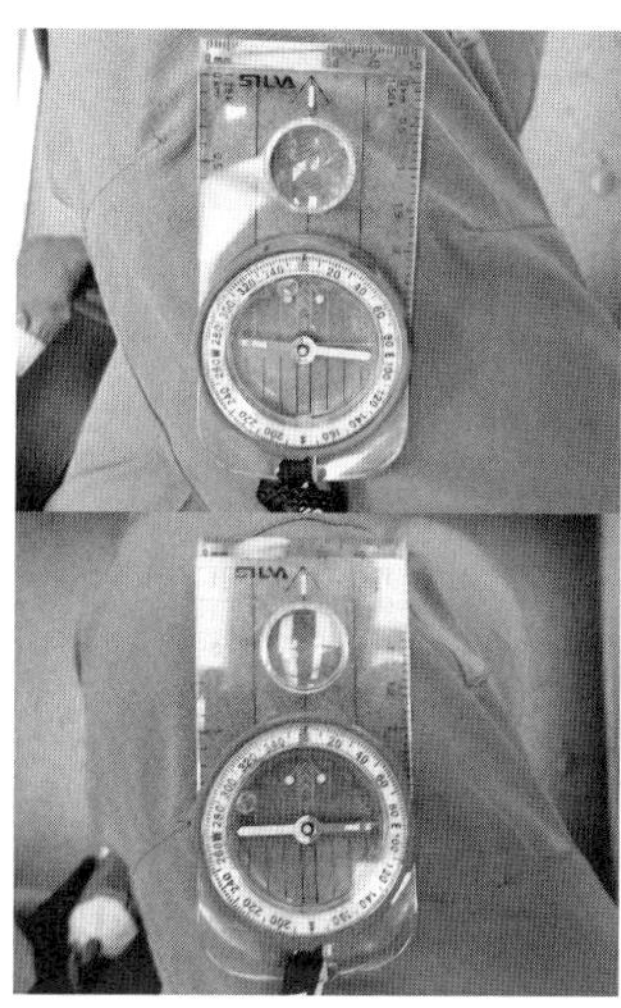

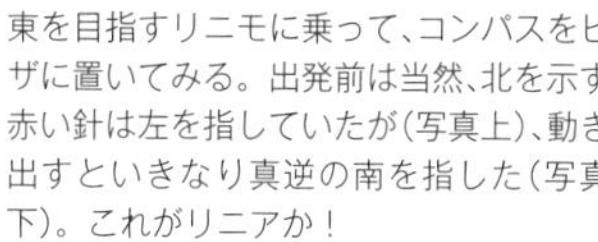

東を目指すリニモに乗って、コンパスをヒザに置いてみる。出発前は当然、北を示す赤い針は左を指していたが(写真上)、動き出すといきなり真逆の南を指した(写真下)。これがリニアか！

DATA

⊙モデルプラン：大曽根駅→小幡緑地駅→白沢渓谷→翠松園→藤が丘駅→リニモ→八草駅

⊙歩行距離：約8㎞

⊙歩行時間：約3時間

⊙アクセス：起点のゆとりーとライン大曽根駅へは、名古屋駅からJR中央本線で約13分。終点の八草駅からは、愛知環状鉄道を高蔵寺駅で中央本線に乗り継いで名古屋駅まで約1時間。リニモで藤が丘駅まで戻り、そこから市営地下鉄東山線で名古屋駅へというルートもあり

⊙立ち寄りスポット情報：白沢渓谷＝☎052-791-9492(小幡緑地管理事務所)。ゆとりーとライン＝☎052-758-5620(名古屋ガイドウェイバス)。リニモ＝☎0561-61-4781(愛知高速交通)

あすなろうてつどう

三重県

あすなろう鉄道

日本に残る数少ない旅客用軽便鉄道に乗りたい

軽便鉄道と呼ばれる鉄道がある。一般の鉄道にくらべて小型、簡便化されたもので、それによって低コスト化を図れるため、鉄道黎明期には各地で積極的に運用された。しかしモータリゼーションの普及や輸送能力の脆弱さから次第に姿を消し、現在国内で残っている旅客路線はわずかに3路線。そのうちのひとつが三重県四日市市のあすなろう鉄道だ。ちなみに三重県にはもうひとつの三岐鉄道北勢線もある。三重県は現用旅客軽便鉄道王国?なのだ。

この鉄道には昔から一度乗ってみたかったのだが、運営母体だった近鉄が2012年にバス路線への転換方針を発表。「ボヤボヤしてるうちに……」と悔やんだものの、その後第三セクター方式での存続が決定。近鉄内部(うつべ)線・八王子線から、四日市あすなろう鉄道と

名を変えて今日に至る。
　路線はあすなろう四日市駅から内部駅までの内部線5・7㎞と、途中の日永駅から西日野駅へと分岐する八王子線1・3㎞のふたつ。まずは内部線に完乗したあと八王子線の終点まで歩き、そこから八王子線に乗ろうという計画だ。
　起点のあすなろう四日市駅のホームに立って線路を眺めると、その軌道幅はたしかに狭い。実際の幅は762㎜とのことなので、JR在来線の1067㎜にくらべると七割ほど。新幹線の1435㎜にくらべたら約半分だ。
　そのレール上に内部駅行きの列車が、まさにトコトコという感じで入線してき

「マッチ箱のような電車……」と書こうとして、ふと思った。最近の子どもたちは、もしかしたら「マッチ箱」を知らないのではないか。とにかく小箱のような小さな電車が入線してきたのだ

た。当然車輌の幅も狭いが、人が乗るだけあって車高はあまり低くできないのだろう、全体的に縦長の印象だ。車内に入ってもその印象は変わらず、前向きに1席ずつ両側に客席を配置すると、中央の通路はもう人がすれ違うのも大変そうだ。

ポツポツと座席が埋まったところで出発進行。列車は住宅街をゆっくりと抜けていく。線路幅が狭いせいだろうか、走行中の横揺れもなかなかの激しさで、一列に並んだ吊り革がそろって右へ左へと大きくスイングしている。

八王子線と分岐する日永駅では、西日野駅からやってきた列車と行き違いが行われた。あすなろう鉄道はもちろん単線

小さな車輌だけに当然車内もコンパクトサイズ。なんだかローカル航路の飛行機の機内みたいだ。荷物を持った人同士のすれ違いには、譲り合いの精神が必要ですね

日永の追分は、東海道から伊勢神宮へ向かう伊勢街道との分岐点。鳥居が初めて建てられたのは1774(安永3)年だが、その後、伊勢神宮の式年遷宮で下賜された古材で、たびたび建て替えられている

だ。だんだん田畑が増えてきたなと車窓を眺めているうちに、終点の内部駅に到着。ここからは歩いて八王子線の終点、西日野駅へ。ちなみに内部駅からさらに奥へ視線を送れば、まだ数十m線路が延びている。この路線にはかつて延伸計画があり、これはその遺構だ。

内部線に沿うように延びる旧東海道を辿っていくと、途中、いかにも徒歩旅行と思しきスタイルの人たちとすれ違う。彼らは東海道・伊勢街道を踏破中か。

しばらく行くと国道脇に現れたのは日永の追分。東海道から伊勢神宮を目指す伊勢街道と、鈴鹿峠を越えて京都に至る東海道との分岐にあたる。古い鳥居は、京都方面に向かう人もここから伊勢神宮を遙拝できるように建てられたという。

そのまま東海道を進むと、傍らに名残の一本松と呼ばれるマツが立っていた。かつて松並木が連なっていた名残なのだとか。このマツを越えると東海道とは別れて西へ。少しずつ標高を上げていくと、その先に丘陵が迫ってきた。道標には「南アルプス縦走路」と書かれていて一瞬ビックリするが、読み直してみれば「南部アルプス縦走路」。この丘陵は「南部丘陵公園」という公園になっていて、その主脈を辿るコースらしい。最近は全国各地にいろんなアルプスがある。

せっかくなのでこの縦走路を利用して西日野駅へ下り、駅を目前にしたところで、あえて天白川沿いを西へ反れる。理由はひとつ。かつて西日野駅からさらに続いていた八王子線の廃線跡を見たかったのだ。

以前は天白川上流に位置する八王子町までこの路線は続いていた。しかし1974（昭和49）年の集中豪雨で被災。以降復旧することなく廃線となってしまった。終点が西日野駅なのに、路線名が八王子線という奇妙さの理由もそこにあった。

廃線跡とはいっても遺構らしきものはほとんどない。かつて駅があった場所付近に「元伊勢八王子駅跡」と書かれた看板や、近くの酒蔵の軒先に移設された駅名標が残るばかり

かつての八王子線室山駅にほど近い場所にある神楽酒造には、当時使われていた駅名標が移築されている。廃線からすでに50年近く経っているが、ここにはまだ当時の記憶が残っていた

だ。しかし廃線から50年近く経った今日でもそんなものが残されていることに、鉄道に対する地元の人々の郷愁を感じずにはいられない。酒蔵でお酒を買いつつご主人に話をうかがえば、まるで昨日のことのように当時の様子を語ってくれた。

DATA

⦿モデルプラン：あすなろう四日市駅→内部駅→日永の追分→名残の一本松→南部丘陵公園→伊勢八王子駅跡→神楽酒造→西日野駅
⦿歩行距離：約8.5㎞
⦿歩行時間：約3時間
⦿アクセス：起終点のあすなろう四日市駅へは近鉄名古屋駅から名古屋線急行で近鉄四日市駅へ約35分。そこから徒歩約２分
⦿立ち寄りスポット情報：四日市あすなろう鉄道＝℡059-351-1860（あすなろう四日市駅）。日永の追分＝四日市市追分3-3013-1。名残の一本松＝四日市市日永5-10-4。いずれも℡059-357-0381（四日市観光協会）。南部丘陵公園＝四日市市西日野町。℡059-354-8197（四日市市役所市街地整備・公園課）

牛川の渡しと豊川稲荷

うしかわのわたしととよかわいなり

愛知県

路面電車と渡し船を乗り着いでお参りに行こう

豊川稲荷はその名の通り豊川市豊川町にある。「稲荷」とつくので神社と思いがちだが実際にはお寺。曹洞宗の寺院だ。1441（嘉吉元）年に創建、今川義元をはじめ多くの戦国武将の保護を受け、信仰も集めてきた。お祀りしている豊川吒枳尼眞天（とよかわだきにしんてん）が、白いキツネにまたがっていることから「豊川稲荷」と呼ばれるようになったという。東京の赤坂にも別院があり、こちらは大岡越前守が三河から江戸に向かう際に、信仰していた豊川稲荷の分霊を祀ったそうだ。

豊川稲荷へは豊橋駅からJR飯田線に乗り継いで豊川駅下車、あるいは名鉄豊川線の終点下車が定石。だけど、もう少し豊橋市や豊川市を体感する旅はできないものかと地形図を開けば、両市を分かつ豊川には渡し船が運航されているではないか。そしてその船着き

豊橋駅前で待っていたのはちょっとクラシカルな路面電車。豊橋鉄道市内線には現在5種類の車輌が走っているが、これはそのなかでも古いタイプ。路面電車は10分に1本の割合で運行している

場を目指すにはと交通手段を探してみると、豊橋駅から路面電車がある。路面電車と渡し船を乗り継ぎ、そこからは豊川沿いを歩いて豊川稲荷へ。なんだか乗り物濃度が強いプランができあがった。

豊橋駅を出ると、駅前にいきなり路面電車が停まっていた。路線バス同様、路面電車というのは停留所や行き先がわかりづらくて、土地勘がないとなかなか不安なものだが、ここの路面電車は一路線のみなのである意味安心だ。

新旧さまざまな車輌が走っているなか、このとき乗ったのは３５００形と呼ばれるもので、以前は東京の都電荒川線を走っていたらしい。運転席の上部に掲げら

れている「ローレル賞1978」という、鉄道友の会による受賞エンブレムが誇らしげだ。

ほどなくしてお約束の「チンチン！」という発車ベルとともに、電車はゴロゴロと出発。駅前大通りを進んでいく。信号待ちがあったり、一般車との並走があったりでなかなかスピードを上げることはできないが、逆にそのノンビリ感が魅力でもある。

やがて東八町というバス停ならぬ電停で下車。ここからは歩いて豊川へ。住宅街や畑を抜けること20分。正面に見えてきた土手を登ればその先が豊川。そして土手をしばらく上流へ遡ると小さな船頭小屋が建っていた。

この渡し船の正式名称は「牛川渡船」。豊橋市の運営だ。航路は市道244号線の一部に組み込まれており、運賃は無料。船はたまたま対岸から戻ってきたところで、そのままとって返すように乗せてもらう。最近では珍しく動力は人力のみ。竹竿で川底を押しながら巧みに操船する。その代わりに上空にはワイヤーが張られており、船はこれと繋がっていることで川の流れを利用できるのだ。

かつてこの流域には10航路以上の渡し船が存在したが、橋が架けられて次々と廃止に。現在、ここが唯一のものになってしまったという。船が対岸へ到着すると、僕と入れ替わるように船頭と顔なじみのおじさんが船に乗り込む。これから豊川稲荷まで歩いてお参り

ですというと、「そりゃあ、なかなか大変だ。頑張って」と声をかけてくれた。

渡船場からは再び土手に上がって豊川右岸を遡る。水田やビニールハウスが並ぶなかに民家がポツポツ。河川敷側は鬱蒼とした樹林が続く。畑の片隅一面に黄色いものが放置されていたので、いったいなんだと近寄ってみれば、すべてキクの花だった。このあたりは花の栽培も盛んなので、これは摘芯によるものか。

小一時間歩き続け、豊川放水路との分流地点を越えたあたりから人家が増え、飯田線の踏切を渡れば豊川稲荷まではあと少し。そして豊川稲荷といえば参道にあるいくつもの店が味を競ういなり寿司

豊川を渡る牛川の渡し。上空に張られたワイヤーと滑車、そして川の流れを利用して川を横断する。動力のない渡し船は全国でも珍しい。船頭の巧みな竿さばきがスムーズな運航のポイント

豊川稲荷の参道沿いに、懐かしいホーロー看板が飾られていた。全国で見かける大企業のものから、初めて目にするご当地メーカーのものまで多種多様。ホーロー看板は今も製造されているのだろうか

が有名だけど、まずはお参りを。

豊川稲荷には今川義元に寄進された山門をはじめ見どころは多いが、やはり一番気になるのは１０００体以上のキツネ像が安置されているという霊狐塚だろう。実際に霊狐塚をお参りしてみれば、なるほどすごい。東京赤坂の別院を訪れたときにもその数に驚かされたが、その比ではない。ひな壇上に広がる場所に、まさにビッシリという感じでキツネ様が居並んでいる。ずいぶん古そうなものから真新しいものまで、そのどれもが奉納によるものだという。おおかたは無彩色のなかに、まれに瞳が描かれたものもあって、そんなのと目が合うとビクッとなる。

緩やかな斜面に鎮座する無数のキツネ像。よく見ると微妙に表情が異なる。これらがすべて奉納されたものだということは、少なくともこれだけの数の願いがかなえられたということか

参拝後にはようやくいなり寿司を。そこに並ぶ現代風いなり寿司には、味噌カツいなりやクリームチーズいなり、なかにはフルーツいなりなんていうのもあって、まさかキツネの化かされてるんじゃないよねと、思わず目をゴシゴシしてしまうのであった。

DATA

⦿モデルプラン：JR豊橋駅→豊橋鉄道市内線（路面電車）→東八町電停→牛川の渡し→豊川稲荷→名鉄豊川稲荷駅
⦿歩行距離：約10㎞
⦿歩行時間：約3時間半
⦿アクセス：起点のJR豊橋駅へは名古屋駅から東海道本線で約1時間。終点の名鉄豊川稲荷駅からは豊川線で名鉄名古屋駅へ約1時間20分
⦿立ち寄りスポット情報：豊橋鉄道市内線（路面電車）＝℡0532-61-5771。牛川の渡し＝℡0532-51-2506（豊橋市役所建設部土木管理課）。8:00～12:00、13:00～18:00（10～3月は～17:00）。無料。豊川稲荷＝豊川市豊川町1。℡0533-85-2030

三岐鉄道北勢線

さんぎてつどうほくせいせん

三重県

土木遺産にも指定された橋を渡る軽便鉄道へ

108頁の『あすなろう鉄道』でも紹介した軽便鉄道。その独特の規格から鉄道趣味のなかでもなかなかディープなジャンルといえる。かつては森林鉄道や鉱山鉄道に多用されていたものの、昭和後期にはトラック輸送への転換や鉱山自体の閉山により続々と廃線に。旅客路線に至ってはもはや日本には3路線しか残っておらず、あすなろう鉄道に乗った今、残すは2路線のみ。黒部峡谷鉄道はちょいとハードルが高いが、三岐鉄道北勢線はここで乗ってしまわない手はない。

起点となるのは三岐鉄道の西桑名駅。小さな駅に自動改札が設置されていたのはちょっと意外だったが、ICカードで抜けようとしてところでタッチ面がないのに気づく。今となっては懐かしい、切符や定期を通す専用機なのであった。

ホームで待っていると列車がやってきた。その小ささは一目瞭然。一般の運転席なら3人くらいは横に並べそうだが、こちらはふたりがやっとではないか。先頭車輛に乗り込んでみると、平日日中のせいか乗客は皆無。これは営業的にも厳しいなあと思うのと同時に、7月とはいえ車内の暑さにも気づく。もしやと周囲を見回せば「非冷房」の文字が。おお、これまた懐かしい。よく見れば2輛目以降は冷房車だとわかったのでそそくさと移動。そちらにはちらほら乗客もいて、みなさんこの状況をご存じだったのね。

　定刻に列車は出発し、路線には在良（ありよし）や穴太（あのう）、六把野（ろっぱの）といった難読駅名が続く。

のどかな田園風景のなかを走る三岐鉄道北勢線。近鉄が撤退を表明して一時は廃線の危機に陥ったが、それを三岐鉄道が引き継ぐ形で存続が決定。終点の阿下喜駅には軽便鉄道博物館もある

やがて到着した楚原(そはら)駅で下車。ここからは北勢線に沿うように、終点の阿下喜(あげき)駅へ向かう。駅前から延びる道を北上すると小さな交差点に出るのでこれを左へ。そこからは細く緩やかにうねる道筋が延びる。先で交差する用水路に沿って北勢線方面に向かえば頭上に現れるのが、ねじり橋と呼ばれる鉄道橋だ。1916（大正5）年に竣工した橋が、江戸時代に掘られた用水路を跨いでいる。用水路とは斜めに交差しているので、橋の石積みにもねじりが入っているのが名前の由来だ。

そこから北勢線に並走して歩くと、今度は三連の威風堂々たるアーチ橋が見えてくる。こちらはめがね橋と呼ばれ、ねじり橋と同時期に架けられたもの。どちらもそろって土木遺産に指定されている。緑のなかに佇むそれは、遺跡のような趣があるがもちろん現役だ。

さて。実はこの日は朝から雨模様だったのだが、このあたりから急激に雨脚が強くなってきた。もはや傘は役に立たず、足元はぐしょ濡れだ。降り注ぐ雨粒がアスファルトに当たって飛沫の花を咲かせるなか、尻尾が取れたばかりの小さなカエルたちが次から次へと、田んぼから反対側の用水路へと移動している。

道は員弁(いなべ)川の対岸へと渡り、そこからは散歩道を辿ってゴールの阿下喜駅へ。雨足はさらに強くなり、員弁川はカフェオレ色の濁流と化している。すぐ脇を流れる農業用水は今にもあふれんばかりで、当然、散歩道を歩いている人間はほかにいない。

そんなときふと、台風の時期によく流れる「川の様子を見に行って行方不明……」というニュースが頭に浮かぶ。理由は違えど、今の自分の状況ってそれに似てないか。なんだか急に怖くなって、一目散に阿下喜駅を目指したのだった。

1916(大正5)年に建造された「ねじり橋」(写真上)と「めがね橋」(写真下)。どちらも日本の近代土木遺産に登録されている。コンクリートブロックを積み上げて造られているのが特徴だ

DATA

⊙モデルプラン:三岐鉄道北勢線西桑名駅→楚原駅→ねじり橋→めがね橋→員弁川散歩道→阿下喜駅
⊙歩行距離:約8㎞
⊙歩行時間:約2時間半
⊙アクセス:起点の三岐鉄道北勢線西桑名駅へは、近鉄名古屋駅から名古屋線で桑名駅まで約20分。そこから至近。終点の阿下喜駅から西桑名駅へは三岐鉄道北勢線で約55分
⊙立ち寄りスポット情報:三岐鉄道=✆059-364-2141。ねじり橋、めがね橋=いなべ市員弁町下笠田。員弁川散歩道=✆0594-86-7833(いなべ市役所商工観光課)

中野の渡し

なかののわたし

愛知県
岐阜県

木曽川に残った
唯一の渡し船に乗って
県をまたぐ

木曽川は長野県木祖村に端を発し、岐阜県、愛知県、三重県を経て伊勢湾に流れこむ一級河川だ。総延長229㎞。かつてこの川にもいくつもの渡し船が存在していたが、架橋や利用者の減少により次々に消滅。2011（平成23）年に愛知県愛西市と岐阜県海津市を結んでいた日原(ひわら)渡船、同じく愛西市と中州を結んでた葛木渡船が廃止になってからは、愛知県一宮市と岐阜県羽島市を結ぶ中野の渡しが唯一となってしまった。

出航準備中の中野の渡し「第五中野丸」。岐阜県羽島市と愛知県一宮市間の木曽川、約800mを横断する。江戸期に運航が始まったとされ、岐阜県側には当時の石製常夜灯が残っている

これは乗らぬわけにはいかない。地図で見ると最寄りの駅は名鉄尾西線の玉野駅。渡船場までは直線距離にして4㎞弱。本数は少ないながらも一宮駅からの路線バスもあるのだが、ここは当然のごとく歩きで。

無人の玉野駅改札を抜ける。駅前の板壁にはすっかり色褪せてしまった結婚相談所や美容学校の古い看板がそのまま貼られている。線路と交差するように県道が東西に延びるので、これを西へ。

やがてこの県道はまっすぐ続く道と斜めに交差。傍らには「水道管理施設のため自動車の通り抜け禁止」と書かれた看板が。地中に水道施設が埋設されている、いわゆる水道道路だろう。二車線ほどの道は歩行者と自転車専用で、その半分の幅しかない車道が脇を並走している。日常の道路環境の逆転状態だ。この水道道路を辿って木曽川へ。周囲には田畑が広がり、麦畑は

穂を実らせ、キャベツ畑にはモンシロチョウが群舞。春だなあ。

そろそろかというあたりで水道道路を離れると、道の前方に草に覆われた堤防が見えてきた。あの先が木曽川だろう。土手を駆け上がって川辺を見下ろせば、そこには2艘の舟が繋留されている。ここだ。しかし肝心の船頭がいない。対岸かと眺めてみても人影はない。あれー、まさか欠航か?

もしやと、もう一度土手に上がってみると、ありましたよ、瓦葺きの立派な渡船小屋が。先ほどはやや離れたところから斜めに土手を下ったので気づかなかったのだ。

小屋の扉を引いて船をお願いすると、小屋にいたふたりのおじさんがそろって船着き場まで来てくれる。ふたりも動いてもらってなんだか恐縮してしまうが、どうやらひとりが操船し、もうひとりは乗客にライフベストを渡したり、上下船時の介助をする役のようだ。

たったひとりの乗客を乗せて船はすぐに離岸。川風に当たりながら木曽川の様子について尋ねると、今日はとても穏やかとのこと。集中豪雨のときは今とは比較にならないくらい増水し、土手の半分以上まで水位が上昇することもあるらしい。最近は上流のダムが危険水位まで上昇すると一気に放水するので、下流部でも急激な増水が増えたという。

乗船客は地元の人よりも、僕のようにわざわざ遠方から乗りにくるケースが多いそうで、

最近はサイクリストが増えたとか。ここの渡し船は300年に及ぶ歴史を有しており、近所の小学校では野外授業でも乗りに来るそうだ。

「けどな、その300年の歴史も、もうしまいや……」

えっ！と思わず振り返ると、おじさんは少し上流を指差した。

「あと2年もすればあの橋が完成する。そうすればこの船も必要なくなる」

上流へと視線を向ければ、そこには三割ほど川面に延びた立派な橋が着々と建設中だった。遠くない将来、木曽川最後の渡し船も姿を消すことになるようだ。

対岸の岐阜県側に着き、お礼をいって

軽快に木曽川を横断する中野の渡し。しかし、写真の奥に見えている建設中の橋が完成すれば、この航路も廃止になる運命だそうだ。また日本から渡し船がひとつ消えていくことになる

木曽川を渡った岐阜県側には広大な公園が整備されていた。4月とあって芝生にはタンポポをはじめとする野草が咲き乱れ、そんななかで家族連れがピクニックを楽しんでいた

下船。そこから川沿いを約3km南下すれば公営の羽島温泉がある。羽島温泉からは名鉄の新羽島駅、あるいはJRの岐阜羽島駅へコミュニティバスがあるので、そこでひと風呂浴びて旅を終える算段だ。

船着場からしばらくは公園として整備されている。また、この付近に見られる川に向かって長く伸びた半島のような地形は、「猿尾」と呼ばれる江戸時代の治水堤防の遺構。

ちなみに木曽川には、「ヤロカ水」という洪水を引き起こす妖怪がいるらしい。雨の激しい夜、川から「ヤロカヤロカ」という声が聞こえても応えてはいけない。もし「ヨコサバヨコセ」と返事をしてし

木曽川の土手を歩いて南下する。八神と呼ばれるこの界隈にも「八神渡し」と呼ばれる渡し船が運航していたが、下流に橋が架けられたことによって、1976(昭和51)年に廃止になった

まうと、一瞬で水位が上がって呑み込まれるという。

そんな話をよそにこの日の木曽川はどこまでも静か。猿尾の脇ではボートに乗った釣り人が、静かに糸を垂らしていた。

DATA

⊙モデルプラン：名鉄玉野駅→尾張水道みち→中野の渡し→羽島温泉
⊙歩行距離：約8㎞
⊙歩行時間：約2時間半
⊙アクセス：起点の名鉄尾西線玉野駅へは、名鉄名古屋駅から名古屋線を名鉄一宮駅で尾西線に乗り継いで約40分。終点の羽島温泉からは、羽島市コミュニティバスでJR岐阜羽島駅または名鉄新羽島駅へ約30分。本数は少ない。新羽島駅からは名鉄羽島線を笠松駅で名古屋本線に乗り継いで、名鉄名古屋駅へ約1時間
⊙立ち寄りスポット情報：中野の渡し(愛知県営西中野渡船)＝☏0586-72-1411。8:30〜11:30、12:30〜14:30、15:30〜16:30。月曜木曜休。無料。羽島温泉＝羽島市桑原町午南1038-1。☏058-398-8868。10:00〜20:00。不定休。一般400円

跳ね上げ式鉄道橋「末広橋梁」

三重県

四日市の工業地帯に今も稼動する跳ね上げ橋

四日市市は三重県最大の都市にして、江戸期には東海道43番目の宿場としても栄え、今日では中京工業地帯の中核として発展を続けている。最近は工業地帯の夜景の美しさが評判で、多くの「工場萌え」な人も訪れるという。そんな工場夜景も悪くはないが、僕が一番見てみたかったのが、全国的にもレアになってしまった跳ね上げ式の鉄道橋だ。しかもまだ現役稼動中というではないか。それをメインディッシュに四日市の町を歩いてみよう。

起点となるのは近鉄四日市駅。まずは駅から西へ3分ほどのところにある四日市市立博物館に寄る。ここには「四日市公害と環境未来館」も併設されており、漠然としか知らなかった四日市公害の歴史を知ることができる場所だ。四日市というと僕の世代にはどうしても公害のイメージがつきまとうが、考えてみるとあれからすでに半世紀を経ている。高度経済成長期の早くから公害に悩まされた四日市だが、そのいっぽう全国で最も早くその対策が奏功した町でもある。

そもそも四日市公害とはなにか。これは1960年代、沿岸の石油コンビナートから発生した煤煙に多くの市民が苦しめられたもので、その症状には「四日市ぜんそく」というありがたくない病名まで頂戴してしまった。実際に展示を見ると、それ以外にも漁師が獲ってきた魚が謎の臭いを発したり、街中にも異臭が漂うなど、状況はかなり深刻だったようだ。時代は高度経済成長のまっただ中。次々に稼働する工場からの廃棄物が人体にどんな影響を及ぼすかもわからずに、生産性第一で突っ走ってしまった時代の悲劇だった。

やがてこれを受けて被害者への医療費救済制度や公害訴訟などが行われて状況は改善。四日市のみならず全国で発生していた公害問題へのロールモデルとなった。

これにて日本は公害を制圧、となればよかったものの、今日でも原発事故や廃プラ問題など、まだまだ解決しなければならない問題は多い。

そもそも四日市は東海道の宿場のひとつ。地名の「四日市」も四日に市が立ったことに由来するものだ。市立博物館には当時の様子も再現されており、そこからは江戸時代に伊勢参りに向かう庶民たちの生き生きとした様子もうかがえる。

博物館からは海を目指して東へ。国道1号線や名四道路、近鉄やJRを次々と横断するあたりが、今日も重要な交通の要衝であることがわかる。

コンビナートが見えてくると登場するのが臨港橋と呼ばれる橋だ。これも跳ね上げ式の橋で、通常はごく普通の橋の形状をしているが、船の航行時には油圧ジャッキで70度まで橋桁が開くらしい。残念ながらこのときはそんな様子を見られなかったが、橋なのに踏切のような警報器が設置してあるあたりがリアルだ。

そしてこの臨港橋の少し北に並んでいるのが末広橋梁と呼ばれる鉄道橋。こちらがお目当ての跳ね上げ橋だ。臨港橋と

四日市港の千歳運河に架かる「臨港橋」。跳ね上げ式の道路橋だ。一見しただけではわかりにくいが、橋の中央まで行ってみるとたしかにギザギザになった分離部分が確認できた

こちらが跳ね上げ式の鉄道橋「末広橋梁」。1931（昭和6）年に建造。通常、橋は上げられているが（写真上）、列車が通るときには架橋される（写真下）。国の重要文化財にも指定

違って橋桁は常時上げられた状態で、鉄道が通るときのみ架橋される。一日に何度か鉄道が通るダイヤが組まれているので、そのタイミングに訪れればしっかりとその光景も拝めるのだ。

定刻10分前。黄色いヘルメットに作業服姿の男性が自転車でひょこひょこやってきて、橋のたもとに建つ詰め所のような小屋へ。しばらくすると警戒音とともに巨大な橋梁が少しずつ下ってくる。そのスピードは思ったより軽快で、実際に橋が架かるまでの時間は1分ほどではなかったか。終わると男性は再び自転車で去っていく。ＡＩがあらゆるものに入り込もうという現代に、遠隔操作ですらな

く、人が来て操作というのがいい。

次第に遠くからレールが軋む音が響き、列車がゆっくりと通過する。赤い機関車を先頭に連なるのはセメントを積んだ貨車だ。列車の走行音、そして連結器が発する音が、複雑なリズムを叩くドラムのようだ。

ここからは工業地帯を北上。海沿いには遊歩道が整備されており、海風に当たりながらの港歩きを楽しめる。途中には明治時代にオランダ人技師デ・レーケによって設計された、穴がたくさん開いた不思議な防波堤、潮吹き防波堤を遠望できるし、名四道路の大正橋あたりまで行けば、臨海地帯に広がるコンビナート群

1894(明治27)年に完成した潮吹き防波堤。防波堤に開いた多くの水抜き穴が波の力を弱める構造で、海水が勢いよく噴き出すことからこの名がついた。埋め立てられた現在、その様子は見られない

夜景と呼ぶにはまだ早いけれど、日が傾いて四日市のコンビナートにも少しずつ灯りが瞬きはじめる。工場の夜景が人気の観光スポットになる日がくるとは思わなかった

が迫力だ。工場夜景が評判になったことから、最近は海から眺めるクルーズ船も運航されている。僕が到着したときは夜景と呼ぶにはまだ早く、工場にはようやく明かりが点りはじめた程度。工場夜景に期待する向きは、ぜひとも日没時間の確認をお忘れなく。

DATA

⦿モデルプラン：近鉄四日市駅→四日市市立博物館→臨港橋→末広橋梁→潮吹き防波堤→大正橋→近鉄四日市駅
⦿歩行距離：約9㎞
⦿歩行時間：約3時間
⦿アクセス：起終点の近鉄四日市駅へは近鉄名古屋駅から名古屋線で約30分
⦿立ち寄りスポット情報：四日市市立博物館＝四日市市安島1-3-16。☎059-355-2700。9:30～17:00。月曜（祝日の場合翌平日）、年末年始休、臨時休館あり。常設展は無料。臨港橋＝三重県四日市市千歳町・末広町。末広橋梁＝四日市市末広町5。潮吹き防波堤＝四日市市高砂町8。いずれも☎059-357-0381（四日市観光協会）

すいりくりょうようばすと
なごやこう

水陸両用バスと名古屋港

愛知県

陸から海から、名古屋港の乗り物系スポット巡り

名古屋港は日本最大の港だ。4288ヘクタールという陸地面積はもちろん、貨物取扱量や貿易輸出額でも長年日本一を誇り、とくにトヨタのお膝元だけあって、自動車の輸出量では40年以上トップの座を維持している。そんな名古屋港の乗り物系スポットを巡りつつ、最後は水陸両用バスで海から名古屋港を眺めてみよう。

起点は名鉄の大江駅だ。ここは名古屋駅からわずか10分の距離だが、この駅から距離にして1・5kmの支線がさらに延びている。その名は名鉄築港(ちっこう)線。もともとは湾岸工場への通勤用に敷設されたそうで、単線なのはもちろん、運行も朝と夕方以降のみ。まずはこの築港線に沿って歩く。

線路沿いには自動車用信号が併設された踏切だったり、線路同士が直角に平面交差する

ダイヤモンドクロッシングだったりと、ほかではあまり目にしない鉄道施設が目につく。ちなみにダイヤモンドクロッシングは、路面電車をのぞくと日本で唯一のもの。やがて着いた東名古屋港駅は、大江駅以外では築港線唯一の駅にして終着駅。もちろん無人駅だ。ホームへの出入りは自由で、昼時とあってかベンチでのんびり休憩するおじさんの姿も。

東名古屋港駅からは山崎川、堀川を渡りつつ北上。堀川に架かる橋上から海を眺めると、そこには橋脚だけが並んだような奇妙な構造物があり、その隙間を船が遡上してくるのが見えた。これは非常時には水門を閉ざすことができる防潮堤

線路同士が道路の交差点よろしく直角に交差する、「ダイヤモンドクロッシング」。築港線と交差するもうひとつの路線はなにかと調べてみたら、名古屋臨海鉄道東築線という貨物専用路線だった

で、かつての伊勢湾台風時に、高潮が堀川を遡上して甚大な被害を及ぼしたことを教訓に建造されたそうだ。ちなみにこの堀川自体も、名古屋城築城のさいに資材運搬用に掘られた運河なのだった。

堀川を渡り終えたら今度は南下。先端に見える名古屋港ポートビルを目指す途中で、運河に架かる跳ね上げ橋を発見。これは1980（昭和55）年まで運行していた名古屋港線の遺構で、現在は船舶の運航を妨げぬよう橋桁を上げたままで保存されている。

ポートビルの足下に繋留されているのは南極観測船として活躍した「ふじ」で、こちらは内部も見学できる。ふじの一番の特徴は、ときには厚さ1mを越える南極の氷を突破する砕氷機能を持つことで、船をわざわざ前後に揺らして氷を砕く構造が解説されていたが、これ、乗っている人は船酔い大丈夫なんだろうか。

ポートビルに到着したところで、いよいよ水陸両用バスで海へ。乗り込んで気がついたのは、シートにはシートベルトとライフジャケットが装備されていること。海へと入るまでは公道を走るのでその間はシートベルトを、海上ではライフジャケットをというわけだ。

しばらく町中を走ったあとに、水陸両用バスは派手な水しぶきを上げて海へと突入。海上では動力はスクリューに切り替わり、優雅な船旅が始まる。この日は波も穏やかだった

道路からそのまま海へザブンと入っていく水陸両用バス。しかし、やはり海水は車体にはよくないようで、海から戻ると真っ先に洗車が始まった

が、有数の貿易港だけあってときに大型船が通過することもあり、そんなときは大いに揺れてそれはそれで楽しい。波の向こうには、この日自分が歩いてきた道筋が遠望できる。

水陸両方を移動できるこの乗り物。もっと普及してもよさそうなものだが、実際に運転?操縦?するには、自動車用と船舶用の両方の免許が必要とのことで、それはけっこうハードルが高い。さらにお値段のほうは1台1億円と聞けば、そりゃあますますハードルが高い。一般人はこうしてときどき乗せてもらうのが正解かな。

DATA

⦿モデルプラン：名鉄大江駅→ダイヤモンドクロッシング→東名古屋港駅→堀川口防潮水門→名古屋港跳上橋→南極観測船ふじ→水陸両用バス「名古屋マリンライダー」→市営名港線名古屋港駅

⦿歩行距離：約6.5㎞

⦿歩行時間：約2時間半

⦿アクセス：起点の名鉄大江駅へは名鉄名古屋駅から名古屋線で約10分。終点の名古屋港駅からは市営名港線を金山駅で中央本線に乗り継いで名古屋駅へ約25分

⦿立ち寄りスポット情報：ダイヤモンドクロッシング＝名古屋市港区大江町。堀川口防潮水門＝名古屋市港区東築地町。名古屋港跳上橋＝名古屋市港区入船1。南極観測船ふじ＝名古屋市港区港町1-9。℡052-652-1111。9:30～17:00。月曜(祝日の場合翌日)休。GW、7～9月、年末年始、春休みは無休。一般300円(関連施設との割引セット券あり)。名古屋マリンライダー＝℡052-854-7345(鯱バス株式会社)。海上ルートは一日4便。月曜、年末年始休。海況等により運休あり。一般3000円

小紅の渡しと鵜飼い

おべにのわたしとうかい

鵜飼い、岐阜城、小紅の渡し。長良川名物をハシゴする

岐阜県

日本を代表する清流のひとつとして名高い長良川。河口堰ができる前にくらべると美しさは衰えたという話も聞くが、それでも日ごろ都会の川ばかり眺めている人間にとって、その清冽な流れには目を見張る。

もうひとつ。長良川といえば有名なのが鵜飼いだ。飼い慣らした鵜にアユを捕らせる漁法は、織田信長がこの地を平定した際に、漁法としてだけでなく見物に足る、つまり今日でいう観光としても成り立つことを見いだしたとされる。

岐阜市内を流れる長良川。和船が繋留されている右手の岸辺には、鵜匠たちが暮らす「鵜飼いの里」が。その並びに「長良川うかいミュージアム」もある。この日の長良川は水量多め

さらに織田信長といえば、長良川の河畔にそびえる岐阜城である。それまでの城主である斎藤龍興を破り、稲葉山城と呼ばれていたこの城を岐阜城と改称、自らの居城とした。そんな豊かな自然と歴史に包まれた長良川沿いを、川面を眺めながら歩いてみる。

起点はJR岐阜駅、あるいは隣接する名鉄岐阜駅。まずは路線バスで鵜飼屋バス停へ。ここからはすぐに長良川の川辺に降り立てる。昨晩雨が降ったそうで水量は多め。やや濁りが入った川沿いには、何艘もの鵜飼い船が係留されている。今は漁期だが、鵜飼い漁が行われるのは当然夜。日中は静かなものだ。

川沿いを上流に向かうと「長良川うかいミュージアム」が現れる。漁期以外に訪れた人でも、鵜飼いに関する映像や資料を観ることができる博物館だ。長良川鵜飼いの歴史が始まったのは1300年以上も昔。中国の史書『隋書倭国伝』にも記されているそうだ。

麓の岐阜公園からロープウェイで金華山を登る。標高329mの頂上までの運行時間は約4分。最も勾配が急な場所は斜度32度で、これはロープウェイとしては日本一の急傾斜

ミュージアムでこの文言を読んだときに、思い出したことがあった。今から40年近くも前、中国雲南省の大理という町を訪れたとき、郊外の湖で鵜飼い漁が行われていたのだ。ここに暮らす白族（ペー）という少数民族は、当時から日本文化との共通点が多いことが話題になっており、僕もそれに惹かれて訪ねた。あのときは「日本以外にもあるんだ、鵜飼い」程度の印象だったが、もしかすると、そこにも日本とのなんらかのつながりがあったのか。

ちなみに鵜飼い漁を行う人、つまり鵜匠にはどうやったらなれるのか尋ねてみたところ、鵜匠はすべて世襲制なのだそう。実際、川沿いには「鵜飼の里」と呼

金華山の山頂に建つ岐阜城。かつては稲葉山城と呼ばれていたが、織田信長がこれを奪って現在の名前に変更した。天守は再建されたものだが、曲輪や石垣などは当時のものが残る

ばれる一画があり、そこでは鵜匠と鵜が今も一緒に暮らしている。

ここからは長良橋を渡って対岸の岐阜城を目指す。この城は標高３２９ｍの金華山に築かれた山城で、山麓からはロープウェイも運行されている。

往年の岐阜城は１６０１（慶長６）年に廃城となり、１９１０（明治43）年に再建されたものも失火で焼失。現在のものは１９５６（昭和31）年の再建だ。それでも天守閣からの絶景はいにしえの名城の存在感を彷彿とさせ、養老山地や伊吹山、北アルプスまでもが遠望できる。

岐阜城からは長良川沿いを下流へと歩いていく。岐阜城の足元には、信長の時

長良川左岸の川原町には、昔ながらの町並みが今も残っている。この界隈は長良川を使った舟運で栄え、多くの商家で賑わったという。電線が地下埋設化されているのも景観維持にひと役買っている

代から栄えた川原町が当時の様子を残したまま今も観光客で賑わう。

いくつかの橋をやりすごし、あるいは対岸へ渡ってみたりするうちに、やがて最後の目的地が見えてきた。長良川に残る唯一の渡し船、「小紅の渡し」である。昭和初期までは12航路もあった長良川の渡し船も現在はここだけ。江戸時代から続くというこの渡し船にはぜひ乗ってみたかったのだ。

堤防の上に小さな船頭小屋が見えてくる。ホッとするとともに、もうひとつ気になるものも目に入った。それは小屋の前で翻る赤い旗である。これはまさか……、いやしかし……。小屋には人がい

たのでおそるおそる尋ねてみると。

「今日は欠航だよ」

ガーン。残酷な現実を突きつけられる。たしかに昨晩雨は降ったものの、短時間だったので安心しきっていた。聞けば昨晩の雨ではなく、数日前の豪雨による増水がまだ引かないのだとか。昔『幸福の黄色いハンカチ』という映画があったが、こちらはさながら『絶望の赤い旗』である。そうはいっても、欠航なのはしかたがない。とりあえず今回は橋を迂回して対岸へ。そしてゴールの西岐阜駅へ歩く。続きはいつか必ずと心に誓いつつ。

＊

後日。小紅の渡しを再訪。もちろん当日朝に運航状況を確認。長良川を望むと、先日より明らかに水量は少ない。船頭小屋で渡しを頼めば即座に出航の準備をしてくれる。

漕ぎ出した船から川面をのぞくと、水は澄んでいて川底がはっきり見える。魚の群れが泳いでいたので、「あれってアユ!?」と尋ねると「シラハエ（オイカワの地方名）だ」と教えてくれる。川の中ほどでは船影に驚いたのか、50㎝はあろうかというナマズが大あわてで泳ぎ去っていった。

この渡し船は少なくとも400年前から運航しているそうで、中山道の裏街道として利

再度の訪問でようやく小紅の渡しに乗船。「小紅」の由来は、昔、そんな名前の女船頭がいたからとするほか、いくつかの説がある

用されたり、左岸にある鏡(かが)島の弘法様を訪れる参拝客で賑わったりもしたそうだ。

「あとはね、昔は娯楽もなかったもんだから、孫を連れたおばあさんが、遊びで乗りに来ることもよくあったねえ」

船頭がそんな話を語ってくれる。

穏やかな風が流れる川面。ふと上流に目をやると、金華山の上に建つ岐阜城の姿をしっかりと望むことができた。

DATA

⊙モデルプラン：岐阜駅→鵜飼屋バス停→長良川うかいミュージアム→鵜飼の里→ぎふ金華山ロープウェー→岐阜城→川原町→小紅の渡し→JR西岐阜駅
⊙歩行距離：約12km
⊙歩行時間：約4時間
⊙アクセス：起点の岐阜駅へは名古屋駅から東海道本線で約20分、または名鉄名古屋駅から名古屋本線でも名鉄岐阜駅へ約30分。駅から鵜飼屋バス停まではバス約15分。終点の西岐阜駅からは東海道本線で名古屋駅まで約25分
⊙立ち寄りスポット情報：長良川うかいミュージアム＝岐阜市長良51-2。℡058-210-1555。9:00～19:00(10月16日～4月30日は～17:00)。火曜、年末年始休(5月1日～10月15日は無休)。一般500円。鵜飼の里＝岐阜市長良橋右岸。ぎふ金華山ロープウェー＝岐阜市千畳敷下257。℡058-262-6784。9:00～18:00(季節により変動あり)。一般往復1100円。岐阜城＝岐阜市金華山天守閣18。℡058-263-4853。9:30～17:30(季節により変動あり)。無休。一般200円。川原町の古い町並み＝岐阜市湊町、玉井町、元浜町。℡058-266-5588(岐阜観光コンベンション協会)。小紅の渡し＝岐阜市一日市場。℡090-4119-4503(小紅渡船船頭組合)。8:00～17:00(10月1日～3月31日は～16:30)。月曜(祝日または21日の場合は翌日)、年末休。無料

第4章

歴史を感じる徒歩旅行

神器を祀る神社、戦国武者の夢の跡、日本の歴史が動いた土地を巡ってみよう。

桶狭間の戦いの記憶を探しながら歩いてきて、やがて辿りついたのが有松の宿場町。有松といえば絞り染め。そこには職人たちが染め抜いてきた歴史が残されていた

伊勢神宮（いせじんぐう）

三重県

今も昔も大人気の「お伊勢さん」。外宮から内宮へ歩いてお参り

今も昔も日本人に大人気の伊勢神宮。今日ではバスやマイカーがじゃんじゃんと伊勢神宮の駐車場にやってくるし、江戸時代にも多いときは年間500万人もの人々が参じたという。しかも多くの人は徒歩で。さすがにそれと同じ旅をするのに半日というわけにはいかないので、せめて伊勢神宮の外宮（げくう）と内宮（ないくう）くらいは歩いて結んでみよう。

伊勢市駅の改札を出ると駅前にいきなり大きな鳥居が立ち、向こうには広い参道がまっすぐ延びている。この参道の先にあるのが伊勢神宮の外宮だ。伊勢神宮には外宮と内宮があり、外宮から内宮という順番でお参りするのがお約束とされている。

一般には「伊勢神宮」と呼ぶこの神社、本来地元では「神宮」とのみ呼ぶそうで、神宮といえば「伊勢神宮」のことでしょ、というわけだ。しかしそれではほかの神宮と混同し

てややこしくなるので、便宜上、伊勢神宮と呼んでいるのだとか。

伊勢神宮が祀っているのは太陽を司る神様である天照大神なのに、残念ながらこの日は微笑んでくれず朝から雨模様。しかしそのぶん神宮の森の新緑は瑞々しいことこのうえなく、神秘的な雰囲気を醸し出してくれている。

玉砂利を踏みしめながら、一番奥に位置する正宮を参拝し、そののちに多賀宮や風宮といった別宮をお参りする。この順番も決まっているそうなので、疎い人は予習しておいたほうがいいかもしれない。もちろん僕もしました。

ひととおり外宮を巡ったら、次に向か

あいにくの天候にもかかわらず、ひっきりなしに参拝客が訪れる伊勢神宮の外宮。外宮が祀っているのは豊受大神。内宮の天照大神の食事を司る神様だそうだ

古市街道を歩いていると左手に見えてきた麻吉旅館。傾斜地に建てられた5層6階の建物は、周りから眺めただけではどんな家なのかわからないほど複雑な構造をしている

うのは内宮だ。一般にはバスを利用することが多いらしいが、古市街道と呼ばれる江戸時代からの道筋を辿ってみよう。

外宮前を抜ける県道を少し歩いてから脇道に入る。沿道の家々はさすがに新しくなっているものが多いが、緩やかなカーブを何度も繰り返す道筋がいかにもいにしえの道を思わせる。ところどころに立つ「油屋跡」「お杉お玉の碑」といった石碑が、当時の賑わいの名残。なかでも1851（嘉永4）年創業とされる「麻吉旅館」は、現在も営業中の貴重な建物だ。傾斜地に建てられた5層6階という構造は、外から見学するだけでも迫力十分だが、やっぱり一度は泊まってみたい内宮も順番にしたがってお参りしていく。こちらは正宮に次いで尊いとされる荒祭宮。祀っているのは荒御魂。なにか新たなことを起こそうとするときにご加護が得られるとのこと

な。

やがて最後の登り坂を越える。江戸の参拝客もこの坂には難儀したのではと想像しつつ下っていくと、待っているのが猿田彦神社。ここまで来れば内宮はすぐだ。国道沿いから小径に入ると雰囲気は一変。さまざまな飲食店が並び、老若男女の参拝客がそぞろ歩きを楽しんでいる。伊勢神宮のもうひとつの名物「おかげ横町」「おはらい町」か。

五十鈴川を宇治橋で渡るとそこはもう神域だ。巨樹に覆われる内宮を歩き、こちらもまた正宮から順番にお参りしていく。外宮でもそうだったが、どの社殿も隣にぽっかりと同じ広さの空間があるの

が特徴で、これこそが伊勢神宮の特徴ともいえる式年遷宮、つまり20年に一度すべての社殿を建て替えるための敷地だ。式年遷宮については聞き及んではいたものの、てっきり正宮だけだと思いこんでいた。すべてを建て替えるとは。先ほど渡ってきた宇治橋も例外ではないという徹底ぶりだ。これには神域を常に清浄に維持するためとか、建築技術を継承し続けるためといった理由があるらしい。いずれにせよ、それが1300年にわたって続いているという歴史に気が遠くなりそうだ。

もうひとつ感動したのが、背後に控える神宮の森の豊かさだ。5500ヘクタールにも及ぶこの森は、もちろん一般の立ち入りは禁じられている。かつては式年遷宮で必要とされる造営用の材は、すべてここで賄っていたという。さすがに20年に一度の遷宮には供給しきれなくなり、現在は木曽谷産のものを使用するいっぽう、この地でも植林は続けられている。それが使えるまでに育つのは2100年以降とのこと。

さまざまなことに心が震えながらもおなかは減る。そろそろおかげ横町、おはらい町に舞い戻って食事としようか。いずれも昭和後期に再整備された街並みだが、いかにも江戸期の参拝客が立ち寄ったであろう街並みが再現されていて楽しくなる。

まずは甘辛いタレで食べる伊勢うどん、あるいはちょっとぜいたくにてこね寿司かな。

お参りの後は今も昔も精進落とし。宇治橋を渡ってすぐのところには「おはらい町」や「おかげ横丁」と呼ばれる一画があり、飲食店や土産物屋が軒を連ねる。さーて、どこに入ろうか

そしてビール、いや今回ばかりは伊勢のお酒でもいただくことにしようかな。さっきまでの厳粛な心持ちはどこへやら、気分はあっという間に煩悩の彼方へと飛んでいった。

DATA

⦿モデルプラン：近鉄伊勢市駅→伊勢神宮外宮→古市街道→麻吉旅館→伊勢神宮内宮→おかげ横町、おはらい町→近鉄五十鈴川駅
⦿歩行距離：約11㎞
⦿歩行時間：約4時間
⦿アクセス：起点の伊勢市駅へは近鉄名古屋駅から名古屋線、山田線で約1時間40分。終点の五十鈴川駅からは近鉄鳥羽線、山田線、名古屋線で近鉄名古屋駅まで約1時間50分
⦿立ち寄りスポット情報：伊勢神宮外宮＝伊勢市豊川町279。伊勢神宮内宮＝伊勢市宇治館町1。いずれも℡0596-24-1111。麻吉旅館＝伊勢市中之町109。℡0596-22-4101

いがとにんじゃ

三重県

卍

伊賀と忍者

伊賀忍者に松尾芭蕉。世界に誇るキラーコンテンツを堪能

酒に伊賀牛に組紐……、伊賀にはいろいろ名産があるが、最たるものといえばやっぱり「忍者」だろう。独自の技術を駆使して諸国の大名から重宝され、あの織田の軍勢すら一度は撃退した伊賀の忍者衆。隣接する甲賀とともに小説や映画などにも多数登場している。もっとも僕たちが知っているあのアクロバチックな体術や、独自の武器の多くは、江戸期に書かれた読み物が下敷きになっているそうけど、それはそれ。今や世界に誇るコンテンツでもある忍者。これを存分に満喫するのが伊賀での歩きかただろう。

最寄りの上野市駅を目指すために乗るのは伊賀鉄道。この車輌がいきなり忍者仕様だ。車輌の全面に女忍者、いわゆるくノ一が大きく描かれている。その絵柄は見紛うことなく松本零士さんのそれだ。鉄道という硬質なものと、うねるような彼のタッチが合うのかは

伊賀鉄道に乗り込むと、網棚の上にいきなり忍者が潜んでいてびっくり。これ以外にも車輌の忍者イラストや顔出し看板など、伊賀に到着する前からこれでもかと「忍者」をアピール

ともかく、少なくともインパクトは抜群だ。車内に入ればいきなり網棚に忍者が潜んでいたり、吊り革が手裏剣をモチーフにしていたりと、もうとことん忍者仕様なのだった。

駅から坂を登って向かうのは伊賀上野城。もともとは筒井定次が築いたが、のちに徳川家康の信頼が厚かった藤堂高虎がこの地へ。大阪の陣も近かった1611（慶長16）年には城を大改修。なかでも高さ30mもある高石垣は国内有数の規模を誇り、現存するその上から足下をのぞき込めば、クラクラするほどの高度感だ。いっぽう遠くを望めば周囲を山々に囲まれ、伊賀が盆地であるのがよ

変り卍

くわかる。まさに忍者の隠れ里といった趣だ。

城は完成直前に発生した暴風雨によって天守閣が倒壊、その後は家康による城普請禁止令によって復興されることはなかったという。現在の城は昭和初期のものだが木造。近年再建された城で木造なのは、全国でもここと郡上八幡城だけだ。

城の周囲は伊賀公園として整備されているが、その一画にあるのが伊賀流忍者博物館だ。さあ、忍者の登場ですよ。まず迎えてくれるのがお馴染みの忍者屋敷。これは同じ伊賀の里から移築されたもので、一見ただの古民家にしか見えないが、そこには隠し扉や秘密の脱出口など、子どものころに憧れたギミックが満載だ。映画の終盤でよく聞く「どんでん返し」ということばも、壁が回転する忍者屋敷のからくりに由来するという説がある。

そんな仕組みを眺めているうちに思ったのは、どれもが守りというか、脱出に特化していること。その点を忍者装束のお兄さんに尋ねると、やはり忍者の行動の第一は逃げの一手だったらしい。生きて脱出すること。それこそが秘密を守る最大の武器だったのだ。

このほかに忍者伝承館もあり、そこには手裏剣やまきびし、水蜘蛛といったお馴染みのアイテムが多数展示されて気分が上がる。そして実際の手裏剣は貴重品で、とてもじゃないけど「シュッシュッ！」と連打できるものではなかったという解説になんだか気持ちが

ほっこり。

庭に出てみれば、男の子を連れたお父さんが一緒に手裏剣投げに挑戦中。ああ、こうして日本の忍者文化は受け継がれていくのだな。

伊賀公園にはもうひとつ、不思議な外観をした木造建造物が建っており、それが俳聖殿。これは伊賀が生んだ忍者と並ぶ歴史上の人物、松尾芭蕉の生誕３００年を記念して１９４２（昭和17）年に建てられたもの。そう、あの松尾芭蕉はこの地の出身なのだ。その外観は松尾芭蕉の旅姿を模して設計されたそうで、いわれればそう見ないこともない、かも。

昔、「松尾芭蕉忍者説」というのがあ

六方

まずは伊賀上野城へ表敬訪問。天主には城主だった藤堂高虎が豊臣秀吉から拝受した兜などが展示されるが、やはり見ものは現存する高石垣。高さ30mの石垣が周囲をぐるりと350m以上覆う

「ようこそ!忍者市へ!!」。旧市役所の壁には、こんな巨大横断幕が掲げられていた。実際、伊賀市は2017(平成29)年に、「忍者市」を国内外に向けて宣言している

った。松尾芭蕉が『奥の細道』を書いた江戸時代、自由に旅をできたはずがないとか、歩く速度が速すぎるといった理由から、実は芭蕉は諸藩を内偵するための隠密だったのではないかというものだ。

　実際には伊勢参りの例もあるように、江戸時代にもある程度の旅の自由はあったし、芭蕉にかぎらず当時の人間の健脚ぶりは、現代人の比ではなかったことも知られている。この珍説は彼が伊賀出身だったことも関係したのだろう。

　伊賀公園を後に向かったのは松尾芭蕉の生家。現在残る住居は江戸末期に建てられたもので、芭蕉の痕跡が残るわけではないが、それでも処女句集『貝おほひ』

四方

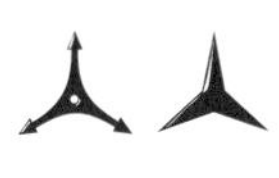

三方

を上梓して、江戸に旅立つ29歳までをこの地で暮らしたという。左片袖通し土間と呼ばれる伊賀独特の室内を抜けて裏庭に出てみると、そこには大きな芭蕉の葉が風に揺れていた。

ここからは伊賀の城下町をぐるりと歩いてみよう。昔ながらの商家が並ぶ町並みや武家屋敷、芭蕉の門人ゆかりの蓑虫庵など歴史を彷彿とさせるものも多い。そして最後は町外れにある鍵屋の辻へ。ここは日本三大仇討ち（そういうものがあるんです）のひとつである、「鍵屋の辻の決闘」の舞台になった場所。そこからはゴールの西大手駅も近い。

伊賀上野城城下町の東北入口に建つ松尾芭蕉生家。裏庭には釣月庵と呼ばれる離れが残っており、江戸から戻ったとき、芭蕉はここに滞在したという。伊賀上野城近くには「芭蕉翁記念館」もある

DATA

⦿モデルプラン：伊賀鉄道上野市駅→伊賀上野城→伊賀流忍者博物館→忍者伝承館→俳聖殿→松尾芭蕉生家→伊賀の町並み→鍵屋の辻→伊賀鉄道西大手駅

⦿歩行距離：約6.5㎞

⦿歩行時間：約2時間半

⦿アクセス：起点の上野市駅へは近鉄名古屋駅から名古屋線で伊勢中川駅、近鉄大阪線で伊賀神戸駅へと乗り継ぎ、そこから伊賀鉄道で約2時間10分

⦿立ち寄りスポット情報：伊賀上野城＝伊賀市上野丸之内106。☎0595-21-3148（伊賀文化産業協会）。9:00～17:00。年末年始休。一般600円（関連施設との割引共通券あり）。伊賀流忍者博物館・忍者伝承館＝伊賀市上野丸之内117。☎0595-23-0311。10:00～16:00（土日祝は～16:30）。年末年始休。一般800円。俳聖殿＝伊賀市上野丸之内122-1。☎0595-43-2315（伊賀市役所都市計画課）。無料。芭蕉翁生家＝伊賀市上野赤坂町304。☎0595-24-2711。☎8:30～17:00。火曜、年末年始休。一般300円。鍵屋の辻＝伊賀市小田町1338。☎0595-43-2314（伊賀市役所都市計画課）

桶狭間と有松

おけはざまとありまつ

戦国時代の構図を一変させた古戦場と、絞り染めで知られる宿場町

愛知県

学校で習った戦国時代の戦いで、一番印象に残っているのは「桶狭間の戦い」だ。ほかにも有名な合戦はたくさんあるけれど、やはりあの織田信長が自軍よりはるかに強大な今川義元を打ち破り、一躍戦国の雄として躍り出たドラマチックさがその大きな理由だろう。日本人で織田信長を嫌いだという人、あんまり会ったことないし。

そこで桶狭間である。地名の印象からてっきり山深いところかと思ったら、名古屋からもほど近く、電車に乗って30分の距離。それは行ってみるしかないでしょう。

起点となるのは名鉄の中京競馬場前駅。駅名の通り、駅前には競馬場があるのだが、向かうのは反対側。線路に併走する国道1号線を渡ってすぐにある「桶狭間古戦場伝説地」がそれだ。今川義元がここに陣を張り、そして織田信長勢に討ち取られた場所とされ、国

「桶狭間古戦場伝説地」は中京競馬場駅を降りてすぐの場所。かつては戦死者の亡霊が出るという噂があり、それをなぐさめるために建立したとされるお地蔵様も現存している

の史跡にも指定されている。現在は公園に整備され、ツツジの植栽が施されているなかに「七石表」と呼ばれる墓石や石碑が点在。これらは1771（明和8）年に尾張藩士である人見弥右衛門らによって建立されたものだという。隣接する病院の建設中には土中から武具も発掘されたそうだ。

意外とこぢんまりとしてるなと思ういっぽう、桶狭間という地名からすると、それでいいような気もするし、西側が崖になっているのもそれっぽい。

ここからはもうひとつの戦跡を目指す。桶狭間の戦いが起こった場所とされるのはまだあるのだ。地図上ではたいした距

「桶狭間古戦場公園」に並ぶ織田信長と今川義元の像。閑静な住宅街に囲まれており、当時の面影はない。ここから東へ坂を登ったところが「おけはざま山」だそうだ

離ではないものの、途中には入り組んだ住宅街があったり、高台を越えたりと意外と複雑な地形で、地図を首っ引きでようやく到着。途中で豊明市と名古屋市の市境を越えたときに、なんとなく戦跡がふたつある理由も匂ってくる。

こちらの「桶狭間古戦場公園」は2010(平成22)年に整備された比較的新しい公園で、織田信長と今川義元の像がなかなかよく並んで建てられている。園内は合戦当時の桶狭間の地形や布陣をベースにデザインされているのが斬新だ。討ち取った義元の首を洗ったとされる泉や、信長が熱田神宮に奉納した「信長塀」なども造られている。この公園の東

桶狭間古戦場公園周辺の住所は名古屋市緑区「桶狭間」。周辺には、今川義元の位牌が発見された長福寺や、今川勢の家臣たちが陣を張ったとされる場所など、いわれのある場所も多い

側には「おけはざま山」と呼ばれる小さな山があり、そこに陣を張った今川義元を信長が急襲、この場所まで追って討ちとったというのが、この公園の根拠らしい。こちらは現在の地名も「桶狭間」というあたりがリアル。

果たしてどっちが本家なのかについては、どっちでもいいというのが正直なところ。なんていったら歴史家に叱られるだろうか。しかし、実際に歩いてみてわかったように、両地の距離はたいしたことはない。数千数万の兵力が激突したのであれば、戦場は周辺一帯がそうだったのだろう。それを示すかのように、周囲には信長が村人に戦死者の埋葬を命じた「七ツ塚」をはじめとした戦跡も散在している。過去の戦跡を巡って豊明市と名古屋市が戦国時代さながらやいのやいのするよりは、一緒になってこのエリアを盛り合げていく、というのが現代人としてのスマートな姿だろう。

さて、両戦跡を後にして向かうのは有松の町並みだ。ここはかつての東海道筋にあたり、今も当時からの家が数多く残ることから、重要伝統的建造物群保存地区にも指定されている。有松の前後には鳴海、池鯉鮒（ちりゅう）という宿場があったのだが、この界隈は人家もなく治安も悪かったことから尾張藩が新たに開発した「間（あい）の宿」だという。しかし後発のため宿場としての発展はさほどではなく、さらには耕作地も少なかったことから興されたのが有松絞りと呼ばれる染色で、現在も製造販売を行う工房が残っている。

有松には駅もあるので、この町並みで旅を終わらせるのもよいが、今回はもう少し先へ進む。有松からさらに西へ。隣の左京山駅まで歩けば大高緑地と呼ばれる広大な緑地公園が広がっている。園内には各種スポーツ設備がそろっているほか、山林内には散策路も延びており、竹林の小径を辿って緑地の南側へ抜ける。

静かな竹林を歩くのは気持ちがよく、なんだか心も落ち着くが、そのいっぽう周囲には「タケノコ採取禁止」の立て札が散見され、なかには食欲にかられる人もいるのだろう。

江戸時代、東海道の「間の宿」として開発された有松。現在も数多くの伝統的建造物が残っている。とくに「有松絞り」で知られており、町並みのあちこちにも飾られている

公園の南でＪＲの線路に出たら、線路沿いを北上すれば大高駅までは少しの距離。途中には丸根砦跡や鷲津砦跡など、今川義元の家臣だった時代の徳川家康が、桶狭間の前哨戦で落とした砦跡も残る。

DATA

⊙モデルプラン：名鉄中京競馬場前駅→桶狭間古戦場伝説地→桶狭間古戦場公園→有松の町並み→大高緑地→丸根砦跡→鷲津砦跡→JR大高駅
⊙歩行距離：約9㎞
⊙歩行時間：約3時間
⊙アクセス：起点の中京競馬場前駅へは名鉄名古屋駅から名古屋本線で約30分。終点の大高駅からはJR東海道本線で名古屋駅へ約15分
⊙立ち寄りスポット情報：桶狭間古戦場伝説地＝豊明市栄町南舘11。℡0562-92-8317（豊明市役所生涯学習課）。桶狭間古戦場公園＝名古屋市緑区桶狭間北3。℡052-755-3593（桶狭間古戦場観光案内所）。有松の町並み＝名古屋市緑区有松。℡052-621-0111（有松・鳴海絞会館）。大高緑地＝名古屋市緑区大高町字高山。℡052-622-2281。丸根砦跡＝名古屋市緑区大高町丸根。鷲津砦跡＝名古屋市緑区大高町鷲津山

熱田神宮と七里の渡し跡

神器「草薙神剣」を祀る神社から、名古屋の町並みを歩いて

愛知県

あつたじんぐうとしちりのわたしあと

熱田神宮は、名古屋で最も歴史ある神社のひとつといえるだろう。諸説あるものの創建は景行天皇43年とされ、これを西暦に換算するとなんと113年。地元では古くから「熱田さん」と呼ばれて親しまれている。そしてなによりも、三種の神器のひとつである「草薙神剣(くさなぎのみつるぎ)」が祀られていることで名高い。

最寄り駅はいくつかあるが伝馬町駅で下車。参拝前に七里の渡し跡に寄ってみたかったのだ。七里の渡しというのはかつての東海道の一部。日本橋から京都を目指して辿った陸路が、海へ漕ぎ出す渡し船の出港地だ。当時、この先で待つ木曽三川は下流部がまだ安定しておらず、大雨が降るたびに流路は変化、そこを歩いて越えるのはなかなか難儀だったらしい。そのため、ここから伊勢湾を渡って桑名へ向かうのが一般的だった。

そのころの面影の多くは失われたが、それでも昭和期に再整備され、現在は「宮の渡し公園」として親しまれている。伊勢湾も埋め立てが進み、海の気配は感じられないものの、それでも不定期で桑名へのチャーター船が出ているそうだ。

七里の渡し跡からは堀川沿いに上流へ向かい、そこから熱田神宮へ。交通量の多い国道1号線を少し歩いて、左に折れるとそこには熱田神宮正門の大鳥居がどんと構えている。傍らに居並ぶ大きなクスノキの枝振りとも相まって、荘厳な印象に圧倒される。

参道には、名古屋名物「ひつまぶし」の元祖で知られる『あつた蓬莱軒』が店

かつての「七里の渡し」界隈は、現在は「宮の渡し公園」として整備されている。東海道中、宮から桑名まで七里を渡る海上の道として、多くの旅人がここから伊勢湾を越えた

を構える。実は伝馬町駅から七里の渡しへの途中にも同じ店はあったのだが、そちら高級料亭の趣で、思いつきで暖簾をくぐれる雰囲気ではなかった。それにくらべるとこちらは僕でも臆することなく入れそう。いずれにしても今回は予算の都合でムニャムニャ……。

さて熱田神宮である。出迎えてくれた立派な鳥居、実は右の柱の中ほどに深い傷があり、これは太平洋戦争中の空襲で受けたもの。そういえばここに辿りつく途中、堀川沿いの遊歩道にも、空襲によって大きく破損した護岸の一部がそのまま保存され、そこには真新しい千羽鶴や生花がいくつも供えられていた。名古屋の町は現在、広い車道が碁盤の目のように整備されているが、それはあの戦争で焼け野原になったことを意味しているのだろう。

19万平方㎞といわれる熱田神宮の境内には、クスノキをはじめカシやシイが立ち並び、そのなかには樹齢1000年を越えるものもあるという。森閑とした空気は、すぐ脇を国道が抜けていることも忘れさせてくれる。本宮以外にも、摂社や末社も含めると40以上もの社が祀られている。そのすべてをお参りすることはとてもできないので、気になっているいくつかをつまむように歩く。

参道から少し右にそれたところにあるのが「清雪門」で、これは門といわれながらも奈良時代より開いたことのない「開かずの門」だ。当時この門から侵入した僧によって、こ

ともあろうか草薙神剣が盗みだされたのがその理由だとか。以降１３００年もの間、閉ざされたままだという。

その先で現れるのが「信長塀」。これは、織田信長が桶狭間の戦いで今川義元と相まみえる直前に熱田神宮で必勝を祈願。見事勝利したことへの礼として奉納したもの。土や石灰をつき固め、そこに瓦を重ねたもので、「築地塀」という技法だそうだ。

信長塀を越えるといよいよ本宮。そしてその奥に祀られているのが草薙神剣だ。そもそも三種の神器とはなんぞやといえば、これは日本神話において天照大神から授けられた宝物。残るふたつの神器は

「開かずの門」として知られる熱田神宮の清雪門。そういわれて見ると、たしかに不穏な雰囲気が漂う気が。かつて熱田神宮には同様の門がほかに3つあったが、いずれも戦災で失われた

正門から玉砂利を踏みつつ奥へと進んでいくと、やがて杜を背景にして熱田神宮の本宮が現れる。このなかに三種の神器のひとつである草薙神剣が奉納されている

八咫鏡（やたのかがみ）と八尺瓊勾玉（やさかのまがたま）。これらは現在、それぞれ伊勢神宮と皇居に祀られている。

スサノオノミコトがヤマタノオロチの尻尾から発見したという草薙神剣。可能なら一度は拝んでみたいものだが、それは今日に至るまで誰にも許されていない。過去にはこの剣を拝んだ神官がことごとく謎の死を遂げたという恐ろしげな話も伝わっている。世の中には謎のままにしておいたほうがよいものもあるのだろう。

熱田神宮からは北に向かって住宅街を歩く。この界隈には「玉の井町」や「花町」といった美しい町名がいくつも残るが、なかでも「夜寒町（よさむちょう）」という地名の風流さはどうだと思ったら、この界隈はか

金のシャチホコで知られる名古屋城。築城以来300年にわたって現存していたが空襲で焼失。戦後、鉄筋コンクリート造で再建された。現在、木造による再建が計画されている

つて夜寒の里と呼ばれ、和歌の歌枕にもなっていたのだった。

ここまでくれば金山駅はすぐの距離。もうひと歩きすれば名古屋随一の商店街がある大須観音も圏内だ。いっそそのまま名古屋城まで歩いてしまう手もあるか。

DATA

⦿**モデルプラン**：市営名城線伝馬町駅→宮の渡し公園（七里の渡し跡）→熱田神宮→大須観音→名古屋城→市営名城線市役所駅
⦿**歩行距離**：約11㎞
⦿**歩行時間**：約4時間
⦿**アクセス**：起点の伝馬町駅へは、名古屋駅から中央本線を金山駅で市営名城線に乗り継ぎ約20分。終点の市役所駅から名古屋駅へは、市営名城線を久屋大通駅で市営桜通線に乗り継いで約13分
⦿**立ち寄りスポット情報**：宮の渡し公園＝名古屋市熱田区内田町。℡052-881-7017。熱田神宮＝名古屋市熱田区神宮1-1-1。℡052-671-4151。大須観音＝名古屋市中区大須2-21-47。℡052-231-6525。名古屋城＝名古屋市中区本丸1-1。℡052-231-1700。9:00～16:30。年末年始休。一般500円

関ヶ原

せきがはら

岐阜県

かつて日本を割った戦の舞台で、つわものたちの足跡を辿る

関ヶ原。豊臣秀吉亡き後、群雄割拠の戦国大名たちが国家を二分して戦った、まさに天下分け目の決戦の舞台である。東京・大阪間を新幹線で移動するとき、名古屋を発車してしばらくすると右手の車窓に関ヶ原の広々とした光景が広がる。しかし「ここであの合戦が行われたのかー」などと感慨に浸る間もなく、新幹線はあっという間にトンネルへ。続いて見えてくる車窓の風景はもはや伊吹山から琵琶湖へ。これでは歴史を感じるのはとうてい無理。やはり東海道本線の関ヶ原駅で下車し、自分の足でかつての激戦地を辿ってみよう。

駅を出るとそこには茫漠とした古戦場が広がっていた、というのをイメージしていたのだが、実際には関ヶ原駅の出口は古戦場とは反対の南側にしかなく、そこからは陸橋で線

当初は西軍有利と思われていた関ヶ原の戦いだが、小早川秀秋の寝返りによって形勢は一気に逆転。天下分け目の戦いはあっけなく半日で終わった。田んぼのなかのこの場所は最後の激戦の舞台だという

路を渡って歩いていく。

道沿いにまず現れたのは「東首塚」と呼ばれる首塚。その名のとおり関ヶ原の戦いで斃れたおびただしい数の兵の遺骸を埋葬した塚だ。諸説あるものの、この戦いに参加した兵の総数は約15万人。そのうちの1万人ほどが戦死したとされている。首塚は東海道本線の反対側にも西首塚が祀られている。塚と呼ばれてはいるものの、現在の東首塚は平坦で、一本のスダジイがそびえているのみだ。

東首塚から北に向かって歩き始めると大きな建物が建っていた。これは「岐阜関ケ原古戦場記念館」という、関ヶ原の戦いをテーマにした記念館だ。開館は

2020年とまだ新しく、外壁には徳川家康と石田三成の大きな家紋がたなびいている。

館内では両軍の激突を再現した映像をはじめ、合戦に関わる武具や書状が展示されており、これから古戦場を歩きまわる予習に絶好だ。合戦で使われた鉄砲のレプリカを手にできる展示では、鉄砲のなかでも口径の大きな「大筒」の重さにビックリ。重量は7・5kgあるそうで、これを抱えて戦場を右往左往した足軽は大変だっただろうな。

記念館を後にして向かったのは、その名も決戦地跡。最も激しい戦闘が行われた場所だそうで、田んぼに囲まれるなか、大きな石碑が建てられている。

関ヶ原という地名から何もない荒野だった印象があるが、記念館の展示によるとここは農村で、5つの村、2000人の農民が暮らしていたとのこと。合戦の火蓋が切られたのは旧暦の9月15日、つまり稲刈り直前だったことから、あわてて青田刈りが行われたという。今も昔も戦争のしわ寄せを被るのは庶民なのか。

決戦地の北側には標高200mほどの小さな山があり、山頂には何本もの幟が立っている。石田三成が陣を敷いた笹尾山だ。決戦地から意外なほど近いのに驚いたが、実際に登って周囲を俯瞰すれば、なるほど関ヶ原を一望できる好立地。

そこからは再び田んぼのなかを抜けて、島津義弘や宇喜多秀家、大谷吉継といった錚々

たる戦国大名が陣を張った地を巡っていく。なかでも宇喜多秀家には思いがある。彼は戦の後も生き延び、島津を頼って薩摩まで落ち延びたもののやがて捕縛。その後、当時は流人の島だった伊豆七島の八丈島に流された。身分も教養も高かった彼は島民にも敬われ、死去するまで約50年を島で過ごしたという。八丈島には何度も訪れているが、島には今も彼にまつわる話も残っており、なんだか他人事のような気がしないのだった。

大谷吉継が陣を張った小山から南を望めば、そこには松尾山。寝返ることによって天下分け目の決戦の趨勢を決めたといわれる、小早川秀秋が陣を張った山だ。

石田三成が陣を張った笹尾山には、現在見晴らし台が整備されている。三成もここから関ヶ原をぐるりと俯瞰して、刻一刻と展開される両軍の戦況をにらんでいたのだろうか

宇喜多秀家が陣を張ったのは天満神社の境内だった。現在は杉木立に囲まれ、神秘的な空気に包まれる。その後、秀家は薩摩へと逃れ、さらには八丈島へと流されるという数奇な運命を辿ることになる

いつまでも兵を動かそうとしない秀秋に業を煮やし、家康が鉄砲を撃ち込ませた「問鉄砲」の逸話も知られている。

ここから山を下って東海道本線を越えると、その先に延びているのが中山道。そして中山道沿いに待つのが不破の関所跡だ。不破関は古代東山道に設けられた関所で、東海道の鈴鹿関、北陸道の愛発(あらち)関とともに三関と呼ばれている。

実はこの地で大きな戦があったのは、関ヶ原の戦いが初めてではなかった。古くは大海人皇子と大友皇子の皇位継承から672年に発生した壬申の乱、さらには南北朝時代に起きた青野原の戦いもこの地で争われた。つまり関ヶ原は昔から

大谷吉継が陣を張った山からは、中山道をはさんで反対側に小早川秀秋の陣がある松尾山がよく見える。寝返りの矢面となった大谷吉継はこの山で自害。彼の墓所も同じ山にある

地政学上の重要地点だったということか。以降４００年以上この地が平穏であり続けるというのは、少なくとも平和のひとつの形なのだなと思いつつ、関ヶ原駅を目指した。

DATA

⦿モデルプラン：JR関ヶ原駅→東首塚→岐阜関ケ原古戦場記念館→決戦地跡→石田三成陣跡→島津義弘陣跡→宇喜多秀家陣跡→大谷吉継陣跡→不破関跡→JR関ヶ原駅

⦿歩行距離：約7.5㎞

⦿歩行時間：約3時間

⦿アクセス：起終点のJR関ヶ原駅へは名古屋駅から東海道本線で約50分

⦿立ち寄りスポット情報：東首塚＝関ケ原町関ケ原908-3。岐阜関ケ原古戦場記念館＝関ケ原町関ケ原894-55。✆0584-47-6070。9:30～17:00。月曜（祝日の場合は翌平日）、年末年始休。一般500円。決戦地跡＝関ケ原町関ケ原1202。石田三成陣跡＝関ケ原町関ケ原4008。島津義弘陣跡＝関ケ原町関ケ原1869-3。宇喜多秀家陣跡＝関ケ原町関ケ原4146-1。大谷吉継陣跡＝関ケ原町山中30-1。不破関跡＝関ケ原町松尾149-1。古戦場記念館以外はいずれも✆0584-43-1600（関ケ原古戦場おもてなし連合）

おかざきにじゅうしちまがり

愛知県

岡崎二十七曲り

徳川家康と八丁味噌で知られる町。かつての道筋を曲がりまくる

岡崎市は愛知県中部の大都市として知られるが、なによりも有名なのは徳川家康の出生地ということだろう。愛知県民の心の味ともいえる八丁味噌の産地としても名高い。最近では、かわいさ一辺倒のゆるキャラ界に一石を投じた異形のオカザえもんも話題を呼んだ。

しかし徒歩旅行的に気になるのは、市内を東西に抜ける昔ながらの東海道の道筋、いわゆる「岡崎二十七曲り」だ。もともと城下町には丁字路や、クランク状に道をずらした「鍵の手」などと呼ばれる構造の道が少なくない。これは軍事上の防御が主な目的で、町の見通しを悪くしたり、迷路のようにして混乱させるのが特徴だ。

それをある意味突き詰めたのが岡崎の二十七曲り。城下を東西に抜けるおよそ6㎞の間に、27もの曲がり角を意図的に作ったとされる。そしてこの構造は必然的に街道に面した

東岡崎の駅前には立派な徳川家康像が建っていた。家康は岡崎城で生まれ、6歳までこの地で過ごした。のちに織田信秀や今川義元の人質となってこの地を離れたが、やがて帰還して天下統一の足場とした

商家の数も増やすことになり、江戸以降、岡崎は大いに繁栄したという。そんな数々の角を曲がりまくって、岡崎の街並みを歩いてみよう。

名鉄の東岡崎駅を降りるとまず目についたのは、ずらりと並んだ幟。そこに書かれているのは「NHKの大河決定！」の文字。そう2023年の大河ドラマの主役は徳川家康なのだ。そんな幟に導かれるように歩いた先には、立派な馬にまたがった家康像。これは岡崎市民ならずとも盛り上がらずにはいられないだろう。

そのまま乙川を渡って東に向かうと立っているのが冠木（かぶき）門と呼ばれる、二十七曲りの起点を示す門だ。ここから道すが

ら、要所要所には頭に金の草鞋を載せた二十七曲り専用の道標が整備されていて、これは助かる。そもそも土地に不案内な者を惑わす意図があった二十七曲りである。地図だけを頼りに歩くのは、どこかでしくじりそうで不安だったのだ。

冠木門からひとつめの角を曲がると、しばらくは静かな道を行く。道沿いには軒が広い家が多く、かつては商家として賑わっていたであろうことが想像できる。道標に従ってクランク状に角をふたつ越えたあたりが往時最も栄えていた通りだそうで、伝馬町という地名もいかにも東海道筋の要所っぽい。道筋には創業100余年の松阪肉専門店「永田屋」や1728（天明2）年創業の和菓子店「備前屋本店」も営業を続けている。

伝馬町を過ぎると道は右折左折を繰り返し、城下を回り込みつつも次第に岡崎城に近づいていく。やがて伊賀川越しに天守閣が望めたところで、コースを少し脱線して岡崎城へ。ここは徳川家康の生地であり、江戸時代には岡崎藩の中心だったが明治なって廃城に。当時のものは石垣や曲輪を残すのみ。天守閣は1959（昭和34）年に復興された。

再びコースに戻り、愛知環状鉄道の高架をくぐると向こうに横たわるのは矢作川。この川を渡れば岡崎宿もおしまい。しかしこのあたりを歩いていると、なんだか素敵な匂いが漂ってくる。そう、この河畔には「カクキュー八丁味噌」と「まるや八丁味噌」という、

岡崎二十七曲がりの起点となるのがこの冠木門。当時ここから岡崎宿を抜ける街道は、右へ左へと曲がって曲がって曲がりまくった。金の草鞋の道標を目印に、そんな道を辿っていく

岡崎が誇る八丁味噌の醸造所がふたつも並ぶのだ。匂いに誘われるようにして、ふらふらとカクキューの工場見学を申し込む。

カクキューの創業は江戸初期。現在の社長は19代目とのこと。「八丁」の由来は当時の地名が「八丁村」にして、その八丁村の由来は岡崎城から八丁（約870m）に位置したからだそう。醸造所内で八丁味噌の仕込みを説明してもらうが、これがもうシンプルの極み。原材料は大豆と塩、水のみ。蒸し上げた大豆に蔵つきの麹をつけて混ぜ、あとは六尺樽に仕込んで上から3tもの石を積み上げて最低2年以上熟成させるのだという。

幼少期の徳川家康が過ごした岡崎城は、明治期の廃城令によって解体されたが1959(昭和34)年に復元。周辺一帯を岡崎公園として整備。石垣や堀は当時のものが残されている

仕込みに用いる六尺樽は、古いものでは150年以上昔に作られたものが今も現役で用いられているいっぽう、古来樽を締めていた竹製のタガ職人がいなくなってしまったことから、現在はやむなく鉄のタガを使っているのだとか。仕込みに使う大量の石ももしやと思ったが、やはり昔は隣接する矢作川の上流で拾ってきたらしい。「現在はそんなことしたら捕まってしまうので、購入しております」と案内の女性が笑顔で教えてくれた。

工場見学の最後にこちらの味噌で作った味噌汁を味見させてもらうと、これがビックリするほど美味。赤だしは家でも使うが、コクというか深みがまったく違

カクキューの工場見学で味噌蔵をのぞかせてもらう。八丁味噌を熟成させている六尺樽の上には、大きな石が山積みにされていた。その重さは3tにも及ぶそうで、樽自体も頑丈じゃなきゃもたないな

う。ぜひとも買って帰らなくてはと直売所で手に取ってみれば、それは一番の高級品であった。なるほど、そういうことかー。結局、魅力に勝てずに購入。財布が軽くなるだけでなく、この先、リュックに重たい味噌を入れたまま歩くことになるのだが、後悔はない。

DATA

⦿モデルプラン：名鉄東岡崎駅→冠木門→備前屋本店→岡崎城→カクキュー八丁味噌→東岡崎駅
⦿歩行距離：約9.5㎞
⦿歩行時間：約3時間半
⦿アクセス：起終点の東岡崎駅へは名鉄名古屋駅から名古屋本線で約30分
⦿立ち寄りスポット情報：冠木門＝岡崎市若宮町。0564-64-1637（岡崎市観光協会）。備前屋本店＝岡崎市伝馬通2-17。☏0564-22-0234。9:00～19:00。無休。岡崎城＝岡崎市康生町561-1。☏0564-22-2122。9:00～17:00。年末年始休。一般300円。カクキュー八丁味噌＝岡崎市八丁町69。☏0564-21-1355。見学は平日毎時00分、土日祝は毎時00分、30分（12:30はなし）

郡上八幡

ぐじょうはちまん

岐阜県

山中の小さな城下町。そこに潜む静寂と情熱の狭間を歩く

郡上八幡は、一度は訪れてみたい場所だった。飛騨山中におよそ500年にわたってひっそりと佇む城下町。長良川の上流部に位置することからアユをはじめとする川の幸が豊富で、澄んだ清流は生活用水としても人々に恩恵を与えてきた。そしてなによりも郡上八幡の名を知らしめているのは、夏の間30日間にもわたって続けられる盆踊り。そのうちのクライマックスに達する4日間は、なんと徹夜で踊り明かすというではないか。静かな山中の町と情熱の夏の夜という、一見相反するようにも思えるふたつの表情を持つ土地。そこはいったいどんなところなのか。そんなことを考えながら郡上八幡へと足を向けた。

郡上八幡へは名古屋からおよそ2時間半という行程で、決して近くはない。これも今までなかなか足を運べなかった理由のひとつだ。しかし実際に向かってみれば、この道中も

なかなかに素晴らしい。とくに美濃太田駅から乗り継ぐ長良川鉄道は、途中で美濃市を抜けるあたりから長良川とつかず離れず北上する。何度も渡る鉄橋から見下ろす長良川は、つねに川底の石までくっきりと視認できる。いくつもの山並みを抜けていく様子も、郡上八幡へのアプローチとしてはいかにもふさわしい。長良川鉄道に乗るおよそ1時間半も、実は郡上八幡の旅の一部なのだった。

国の登録有形文化財にも指定される郡上八幡駅に降りれば、気分はいよいよ高まるが、そこから街中に向かう途中には、クルマが激しく往来する国道が複数絡んでおり、郡上八幡が持つイメージとのギ

長良川鉄道の鉄道旅を満喫したあとに降り立った郡上八幡駅。駅舎だけでなく、木造の跨線橋やホームの待合室なども国の登録有形文化財に指定されている

ャップから、一瞬道を間違えたかと動揺する。

それでも地図を片手に歩いていけば、周囲は少しずつ静けさを増し、道沿いに続く家並みも昔ながらのそれに変わっていく。川は見えないのに、どこからか水の流れる音が聞こえるのは、おそらく地下に水路があるのだろう。道端に店を構える釣り道具屋をのぞいてみれば、「釣り道具」をうたいながらも、実際に置かれているのはほとんどが「アユ釣り道具」というのがいかにも郡上八幡だ。

やがて長良川の支流である吉田川を渡ると、昔ながらの雰囲気を残した通りへ。道沿いには飲食店や土産物屋が並び、観光客も多くて賑やか。そんななかに食品サンプルのお店があって、なんで？　と思ったが、実は郡上八幡は全国の食品サンプル製造の半分のシェアを誇る一大産地なのだ。このときは「イチゴフェア」とやらで、大小さまざまなイチゴ単品やイチゴパフェなど（サンプルですよ！）が棚に展開されていた。

ちょっと人混みに疲れてしまったので左に反れる小径を下れば、そこには「宗祇水」と呼ばれる湧水が。湧水はこの地方独特の「水船」と呼ばれるスタイルで流されており、階段状水槽の上部から飲用、洗浄用、魚がエサを食べる場所用と、昔ながらの天然の浄化システムが今も機能している。環境省による「昭和の名水」の第1号に選ばれた。

町に沿うように流れる吉田川には小径が設けられ、どこの家にもその小径へと通じる階段があった。昔から川と生活が密接な関係にあったことがわかる光景だ

宗祇水の先には小駄良川という吉田川のさらに支流が流れ、そこに架かる橋から上流を眺めれば、川の両側に並ぶ家々の裏手が一望だ。ここに限ったことではないが、川沿いの家というのは、えてして川側を裏口にしていることが多く、そこには着飾った表玄関とは違う、素顔の人々生活がうかがえて興味深い。このときも洗濯物を干すおばちゃんの姿などがあって、当たり前だけれども、観光地にも日常の人の営みがあるのだ。

昔ながらの町並みを辿りながら、Uの字を描くように散策すれば現れるのが郡上八幡城への登城口。ここまで来たら天守まで登って、町を俯瞰してみたい。

郡上八幡城は平山城。標高差80mとはいえ、老いも若きも息も切らせながら天守を目指す。

天守は、青空に白壁が映えて美しい。天守自体は1933（昭和8）年に再建されたものだが、それでも築90年も経つとなかなか風格だ。歩くたびにギシギシと軋む床もかえって味である。

天守から町を眺めてみれば、吉田川を囲むように広がるその姿は、解説に書かれているようにたしかに山々に囲まれた大きな魚の形。一見、穏やかな時が流れるこの町並みのどこに、情熱の盆踊りを生み出すパワーが秘められているのか。

そういえばここは江戸時代、郡上一揆

観光地でもありながら生活感も感じられる郡上八幡の町並み。家の前には水路が流れ、どの家の軒下にも防火用のバケツがぶら下げられている。木造家屋だけに火災には細心の注意を払っているようだ

坂道を登って郡上八幡城へ。幕末、郡上藩は新政府側に与したが、一部は幕府側についた。「凌霜隊」を名乗った彼らは、新政府軍が攻め上る会津若松まで赴き、会津藩に加勢したという

が起きた土地としても知られている。理不尽な年貢の取り立てに農民が蜂起。ついには江戸幕府の中枢にまで影響が及ぶほどの騒動となったという。そんなことからも感じられるこの地の人々のエネルギー。それを知るには、やっぱり夏の盆踊りの時期に再訪しなくちゃだめかなあ。

DATA

⦿モデルプラン：長良川鉄道郡上八幡駅→宗祇水→郡上八幡の町並み→郡上八幡城→長良川鉄道郡上八幡駅
⦿歩行距離：約7㎞
⦿歩行時間：約2時間半
⦿アクセス：起終点の郡上八幡駅へは、名古屋駅からJR高山本線特急を美濃太田駅で長良川鉄道に乗り継ぎ約2時間半
⦿立ち寄りスポット情報：宗祇水＝郡上市八幡町本町。郡上八幡の町並み＝郡上市八幡町鍛冶屋町。いずれも📞0575-66-1239(郡上市観光連盟)。郡上八幡城＝郡上市八幡町柳町一の平659。📞0575-67-1819。9:00～17:00(6～8月は～18:00、11～2月は～16:30)。12月20日～1月10日休。一般320円

博物館 明治村

はくぶつかんめいじむら

愛知県

近代化を象徴する建造物に囲まれつつ、明治時代へ時間旅行

名古屋を起点に東海地方のあちこちを旅してみようと思ったとき、まっさきに頭に浮かんだのが博物館 明治村（以下「明治村」）だった。それまで名古屋へは何度も足を運んだことはあったが、そこから明治村まであと一歩が遠く、いまだに未踏となっていたのだ。

明治村といえば、文明開化とともに欧米から日本に入ってきたさまざまな技術や材料、そして様式が、それまでの在来技術に融合することで造られた貴重な建造物を移築保存している場所として知られている。現在、この地に移築されている建造物の数は64。敷地面積も100万平方mと広大で、とても半日では見尽くせるものではないが、それでも今回は「見られるかぎり見る」という強い決意のもとに明治村へ向かった。

明治村へは名鉄犬山駅からバスで約20分。降りればすぐ目の前が正門だ。実はこの正門

明治村の1丁目に建つ聖ヨハネ教会堂。1907(明治40)年に京都に建てられ、明治村には1964(昭和39)年に移築。こんなゴシック風の尖塔を持つ教会堂が、京都にあったのか(写真＝博物館 明治村)

も1909(明治42)年に建設された名古屋の第八高等学校から移築したもの。門を抜ければ、そこには学校や病院、郵便局、監獄といった公共建築から、文豪の住宅、芝居小屋といったものが点在して展示されている。

村内は1~5丁目までに分かれており、本来なら自分が見たい建造物があるエリアを優先すべきなのかもしれないが、今回はとりあえずすべてに目を通したかったので、1丁目から愚直に巡っていく。

1丁目にはかつて京都にあった聖ヨハネ教会堂や、森鷗外と夏目漱石が約13年の時を隔てて住んでいた東京千駄木の住宅などがあるが、気に入ったのは学習院

この家では、1890（明治23）年から森鷗外が1年ほど暮らし、その後の1903（明治36）年、今度は夏目漱石が引っ越してきたそうだ。そんな文豪気分を味わうために、書斎に座ってみた（写真＝博物館 明治村）

長官舎。広くて本や登山道具を好き放題並べられそうなのはもちろん、和洋折衷様式が現代の日本人にも暮らしやすそうだ。

2丁目はレンガ通りと呼ばれる坂道に向き合う形で京都中井酒造や大阪の千早赤阪小学校講堂などが並び、一番奥には山梨県の東山梨郡役所が坂に向かい合う形で建っている。隣接する第四高等学校物理化学教室には明治村の初代館長である谷口吉郎について解説した部屋も設けられ、そこにあった、「取り壊された『鹿鳴館』が、私に明治建築の保存を願望させた」という言葉が強く心に響く。鹿鳴館といえば、鹿鳴館時代なんていうこと

シアトル日系福音教会。1930年代に日系移民が所有したものの、太平洋戦争で収容所へ追われ、戦後に別の日系人が再び住むことに。アメリカの家だけに、すでに2×4工法が用いられている

ばも生まれたほど有名な建物だが、そういえばその最後については何も知らなかった。調べてみると、たしかに1940（昭和15）年に取り壊されていたのだった。この時代にもこういう憂慮をしていた人がいたんだな。最近、日本中からどんどん姿を消しつつある昭和の建物に、つい重ね合わせてしまう。

3丁目で見上げたのは、1870（明治3）年に建てられた品川燈台。開国にあたって外国船の安全航行のために建てられたもの。同時期に東京湾口に建てられた観音埼灯台や野島埼灯台は関東大震災で倒壊したため、現存する日本最古の洋式灯台となっている。

4丁目で気になったのはシアトル日系福音教会。これはアメリカのシアトルに建てられた住宅に日系移民が暮らし、その後は日系一世が集う教会として用いられたもの。入口には、かつて実際にこの家に住んでいた日系人女性がわが家と再会を果たしたという新聞記事が掲げられていた。移築された建物が個人の記憶に残るケースもまだあるのだ。

そして、僕にとってもそんなリアルな思い出としての建造物が5丁目にあった。いや正しくは僕ではなくて、母のそれ。あったのは隅田川に1974（昭和49）年まで架かっていた旧・新大橋。母は隅田川の畔で生まれ、結婚するまでその地で暮らしており、子どものころ、この新大橋を遊び場にしていたらしい。橋上から下を航行するポンポン船にツバを落とし、急いで反対側の欄干から様子をうかがうと、船頭がギロリとこちらを睨む様子がおもしろくてしかたがなかったと何度も話してくれた。時代を考えると、そんなイタズラをしたのはまさにこの橋の上ということになる。

5丁目にはもうひとつ見逃せないものがある。帝国ホテルの中央玄関だ。これは1923（大正12）年に完成した、明治村では数少ない大正時代の建造物なのだが、なによりもディテールへのこだわりが凄まじい。設計したのはあのフランク・ロイド・ライト。そのこだわりのためか工期は大幅に遅れ、さらに予算も著しくオーバーしたことから、彼

1974(昭和49)年まで隅田川に架かっていた新大橋。明治村を訪れて、幼少期の母の思い出話に出くわすとは思わなかった。関東大震災でも被災しなかった、数少ない隅田川の橋としても知られている

は完成を待たずに日本を去ったというが、これを見ると納得がいく。ちなみに開業当日に襲った関東大震災で周辺の建物の多くが倒壊するなか、帝国ホテルだけは無事だったというのも知られた話だ。

1丁目から5丁目まで駆け足で見てきながら、最後の最後でミス。実は敷地内には昔、京都市内を走っていた市電が動態保存されており、これに乗って正門方面に戻ろうと考えていたのに、ギリギリで乗り過ごしてしまった。30分も待てば次の便に乗れるとはいえ、まあ、ひとつぐらい取りこぼしておいたほうが再訪のきっかけになるかと歩きはじめる。

ちなみに明治村の入村チケットは大人

1923(大正12)年に建設された旧帝国ホテルの中央玄関。フランク・ロイド・ライトのこだわりが随所に感じられる超絶デザインが感動的だ。お披露目日が関東大震災当日だったというのも驚く

2000円とちょっとお高めな印象だったが、これらの価値ある建造物を維持し続けることを考えれば全然そんなことはない。さらに年間パスポートは4500円という破格。近くに住んでいたら絶対手に入れるところだよ。

DATA

⦿モデルプラン：名鉄犬山駅→明治村正門→聖ヨハネ教会堂→学習院長官舎→森鷗外・夏目漱石住宅→東山梨郡役所→品川燈台→シアトル日系福音教会→隅田川新大橋→帝国ホテル中央玄関→明治村正門→名鉄犬山駅
⦿歩行距離：約6㎞
⦿歩行時間：約3時間
⦿アクセス：起終点の犬山駅までは名鉄名古屋駅から犬山線で約30分。犬山駅から明治村まではバスで約20分
⦿立ち寄りスポット情報：博物館 明治村＝犬山市内山1。📞0568-67-0314。9:30～17:00(8月は10:00～、11月は～16:00、12～2月は10:00～16:00)、イベント開催等により変動。不定休。一般2000円

第5章

里山を漫遊する徒歩旅行

開発から守られた森、童話を育んだ里山、数百年前から引き継がれてきた棚田、人と自然が密接に関わってきた場所を旅してみる。

6月に訪れた四谷千枚田は、田植えも終えて一面が緑の絨毯と化していた。石をひとつひとつ運んできてこの棚田を作り上げた先人の努力が、こうして今も継承されていることに頭が下がる

海上の森と窯垣の小径

かいしょのもりとかまがきのこみち

愛知県

開発を免れた豊かな森を抜けて、瀬戸物の故郷へ

「海上の森」の名前を初めて知ったのは、2005(平成17)年に開催された名古屋万博(愛・地球博)のときだった。会場予定地とされたこの森には、オオタカをはじめ豊かな自然が残されていることから反対運動が起きているのを新聞記事で目にしていた。当初は土地勘のなさから「かいじょうの森」と読んでしまい、「海の上の森?」と不思議に思ったものだ。海上が地名であるのを知ったのはしばらくしてからのこと。

結局、森の伐開は中止。既存の公園敷地を利用して万博は開催された。これは単にこの森が守られたのみならず、今後の万博開催における用地開発の指針にもなったという。

そんな森を目指してまず驚いたのが、名古屋中心部から小一時間の場所にこんなに自然が残っていること。起点の愛知環状鉄道山口駅から歩き出して15分もすれば、周囲は緑に

覆われた。もっとも、東京だって1時間も電車に乗ればハイキングコースはあるわけで、これまで自分がいかに名古屋駅周辺しか知らなかったかということだ。

入口には駐車場とトイレが用意され、その先一般車は侵入禁止。ゲートの向こうには森へと道が続いている。道沿いには小沢が流れ、対岸の湿地からはカエルの声が響いてくる。

のんびり歩いていくと、陽光注ぐ明るい場所が現れた。谷間を耕作した田畑だ。春先とあって農作業はまだ始まっていなかったが、田んぼにはこれから水が入るのだろう。

その傍らに一軒の古民家が建ち、縁側

ゲートを越えて海上の森を歩き始める。アップダウンもさほどなく、道もしっかりと整備されている。4月の森にはツツジをはじめとするさまざまな植物が花を咲かせていた

北海上川をせき止めてできた海上砂防池。通称大正池。池のなかに残る立ち枯れた木々が、趣のある景観を作りだしている。カワセミやキツツキ、カエルや魚たちが暮らす絶好の環境だ

が開け放たれている。ここは「里山サテライト」と呼ばれるビジターセンターのような存在で、もともとこの森にあった建物を移築してきたそうだ。日当たりのよい庭先では、ハイカーがのんびりとお昼ご飯を楽しんでいる。森に囲まれた田畑と古民家。傍らには美しい沢。まさに里山の原風景だ。

このあたりから道は少しずつ登り基調となり、やがて見えてきたのが海上砂防池。通称「大正池」だ。澄んだ池のなかから立ち枯れの木々が伸びている様子から、長野県上高地の大正池に因んだ命名か。砂防池に大正池なんてとも思ったが、よく考えたら本家の大正池も焼岳の噴火

古い窯道具を利用して作られた石垣が続く「窯垣の小径」。カーブを描いたり、登り下りを重ねつつの約400m。かつてはこの道が陶器の町のメインストリートだったそうだ

でせき止められてできたのだった。

池畔のベンチでひと息入れたのちに、さらに森の奥へ。周囲の木々は広葉樹と針葉樹が混成しており、なかには植林されたと思しきものも少なくない。実はこの森は過去、隣接する瀬戸焼の窯用燃料として皆伐に近いまで失われてしまい、現在のものはその後の植林によって戦後に復活した二次林らしい。よくも悪くも人の営みを深く関わってきたというわけだ。万博のときにこの森が守られたのは、そんな歴史も影響したのかもしれない。

森の道は東山路分岐と呼ばれるところで終了。そこからは舗装路を歩いて瀬戸の町へ。この道は先ほどまでとは一変、

採石場や産廃施設などが居並ぶ。そのためダンプカーの往来も多くてちょっと残念だ。

それでも鼻歌などで気分を変えつつ歩き続ければ、瀬戸に到着。瀬戸といえば「瀬戸物」、つまり陶磁器の代名詞的存在の町だ。街中には煙突を立てた工房が並び、その狭間には「窯垣の小径」と呼ばれる細道がくねくねと続いている。この道の特徴は、石垣の材料に「ツク」や「エンゴロ」と呼ばれる、陶磁器を焼くときに用いる窯道具を流用している点で、これが丸や四角などの幾何学模様を描いて美しい。

道は古い商店街を抜けてゴールの尾張瀬戸駅に至るが、最後に見ておきたいものがあった。それはこの町ならではの陶土採掘場。瀬戸焼の主役ともいえる土を露天掘りで採掘しており、その姿から「瀬戸キャニオン」なんていう呼びかたもされている。

ただし周囲は立入禁止だし、そもそも広大すぎて近くからではなんだかよくわからないともいわれている。唯一の展望ポイントは町の高台に位置する窯神（かまがみ）神社とのことなので、疲れた足にもうひと頑張りしてもらって、神社の石段を昇る。

辿りついた神社では、瀬戸焼の始祖とされる加藤民吉像に挨拶してから、拝殿の裏手にまわって北側を望んでみれば、おお、たしかに段々に削られた白い山肌が樹林の間から望める。季節が春でよかった。これ以上緑が育つと視界は遮られてしまうかもしれない。

瀬戸が焼き物の町として発展した背景には、良質な粘土層である「瀬戸層群」と呼ばれる地層の存在があった。坑道掘りから露天階段掘りに変わったことで、こんな景観が誕生した

満足して神社の石段を降りながら、ふと考えた。ここからの光景は絶景だと喜びつつ、森からの道で目撃した採石場のことは、「こんなに山を削っちゃって……」と、心中でくさしていた。われながら勝手なものだなあ。

DATA

⦿モデルプラン：愛知環状鉄道山口駅→海上の森入口→里山サテライト→大正池→東山路分岐→窯垣の小径→窯神神社→名鉄尾張瀬戸駅

⦿歩行距離：約12㎞

⦿歩行時間：約4時間

⦿アクセス：起点の山口駅へは、名古屋駅から中央本線を高蔵寺駅で愛知環状鉄道に乗り継いで約50分。終点の尾張瀬戸駅からは、名鉄瀬戸線を大曽根駅で中央本線に乗り継いで名古屋駅へ約50分

⦿立ち寄りスポット情報：海上の森＝瀬戸市海上町周辺。✆0561-86-0606（あいち海上の森センター）。窯垣の小径＝瀬戸市仲洞町。窯神神社＝瀬戸市窯神町112。いずれも✆0561-85-2730（瀬戸市まるっとミュージアム・観光協会）

四谷千枚田と鳳来寺

山腹に広がる見事な棚田を眺め、そこから鳳来寺山の古刹へ

愛知県

よつやせんまいだとほうらいじ

棚田を見たいと思った。季節は6月中旬。田植えも終わったころだ。名古屋界隈で棚田はどこにと調べると、新城市の北にその名も「四谷千枚田」という棚田があることを知る。四つの谷に千枚の田んぼ。聞くからに期待が持てそうな名前だ。梅雨空続きの合間、ようやく青空が顔をのぞかせた頃合いを見計らって現地へ向かう。

最寄り駅になるのはＪＲ飯田線の本長篠駅。飯田線に乗るのは30年ぶりくらいだ。豊橋駅から辰野駅まで、愛知、静岡、長野をまたいで走る長距離ローカル線。全線を通しで乗れば約6時間の行程だが、本長篠駅までなら1時間。それでも飯田線に乗れるのはなんだかうれしい。

山と田んぼの風景に包まれるなか、本長篠駅で下車。ここからはバスに乗り継いで四谷

千枚田へ。時間の関係上、乗れたバスは千枚田手前の滝上バス停までしか行かないものだったので、そこからは30分ほどの里山歩きだ。

舗装こそされているものの、うねるように続く道は歴史を感じさせる。道沿いにはところどころに古い馬頭観音が祀られている。この道は、かつては三河と信州を結んだ交易の道で、先にある仏坂峠は明治大正期には一日数百もの荷馬が往来していたという。つまり、これらの馬頭観音は、旅の途中で斃れた馬たちの供養に建てられたのだろうか。

そんな馬頭観音や傍らの炭焼き窯などを眺めながら歩いていると、やがて眼前

四谷千枚田へと続く道は、かつては三河と信濃を結ぶ峠道だった。路傍に祀られた数多くの馬頭観音は、そんな旅の途中で命を落とした馬たちを供養するためのものだという

標高883mの鞍掛山山麓に広がる四谷千枚田。高低差200mの斜面に、いくつもの石垣を組んで棚田を築いている。農林水産省による『日本の棚田百選』にも選定されている

に目的の四谷千枚田が現れた。しばらく前から道が登り基調になっていただけに展望は抜群だ。

棚田の奥に見えるのは鞍掛山だろうか。その麓からこちら側に向かう谷間の斜面にびっしりと田んぼが開墾されている。約400年前に拓かれたこの棚田は、最盛期には1300枚というまさに千枚田の名に相応しい規模を誇っていたという。当時にくらべると規模は小さくなったものの、それでも素晴らしい景観だ。石積みに使われているのはすべて周囲の自然石。そして山の中腹からしみてくる清冽な水が田んぼを潤している。

しかしこの美しい棚田にも、かつては

バス停裏手の斜面にひっそりと口を開けた廃トンネル。昔、本長篠駅からここへ来るバス路線と並走するように運行していた、田口鉄道の遺構だ。樹木に覆われてはいるが、まだしっかりとしている

悲劇があったという。1904（明治37）年の長雨で発生した山津波がここにあった棚田と家屋を呑みこみ、多くの死者も出たそうだ。それにもくじけずに蘇らせたのが現在の姿だと知ると、この棚田の光景がことさら尊いものに見える。

棚田の上から流れてくる風に見送られるようにして四谷千枚田を後に。バスで来た道を引き返しつつ古刹・鳳来寺を目指すが、その前にバス停近くで気になるものがあったので、それをチェックする。

バス停脇の斜面に踏み跡が続いており、もしかしてと辿るとそこには大きなトンネルが。実は本長篠駅から田口という集落までは、かつて田口鉄道という鉄道が

通っていたのだ。1929（昭和4）年に開業したこの鉄道は、鳳来寺口駅、三河田口駅と次第に営業距離を延ばしたものの、木材搬出の低迷や沿線の過疎化で低迷。1956（昭和31）年には豊橋鉄道と合併したものの大勢は変わらず、1968（昭和43）年に全線が廃止となった。今、目の前の薮に口を開けているトンネルは、その田口鉄道の遺構なのだった。

そこからはそんな廃線跡を探したり、現在の道が開通する前の旧道を歩きながら、鳳来寺への分岐に到着。この先は鳳来寺詣での参道だが、入口に茶屋があったのでそこでひと休み。店内には、現役時代の田口鉄道の写真がたくさん飾られていた。当時はこのお店の目の前に駅があり、電車で訪れる参拝客でたいそう賑わったようだ。ひょっとして店のおばちゃんはそのころの記憶があるのか尋ねてみると、「なにいってんのよ。あたしは中学2年までその電車で本長篠の学校に通ってたんだから！」と笑いながら教えてくれた。

そして切り返すように「もうお参りはしてきたの？」と尋ねてくる。いや、これからだと返事をすると、「あら大変、急がなくちゃ」との返事。そうであった。鳳来寺は1000年以上の歴史を有することや、徳川家光によって建てられた鳳来山東照宮を有することで知られているが、鳳来寺山の山腹に建つ本堂までは1425段もの石段を登らなくてはならないのだ。往復で1時間以上かかることを考えると、ここでのんびりしてる場

麓の参道から鳳来寺までは、鳳来寺山に続く1425段の石段を辿る。鳳来寺は今から1300年ほど前に利修仙人によって創建。途中には樹齢800年、高さ60mを越える傘杉がそびえている

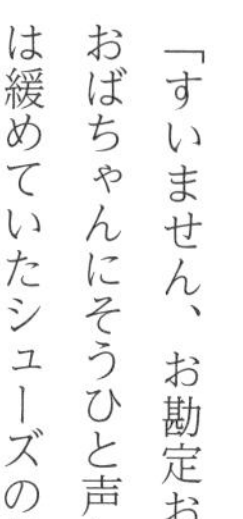

合ではない。

「すいません、お勘定お願いします！」

おばちゃんにそうひと声かけつつ、一度は緩めていたシューズの紐を再びしっかり締め直した。

DATA

⦿モデルプラン：滝上バス停→四谷千枚田→田口鉄道廃トンネル→鳳来寺→鳳来寺バス停

⦿歩行距離：約14㎞（鳳来寺参拝含まず）

⦿歩行時間：約5時間（鳳来寺参拝含まず）

⦿アクセス：起終点のＪＲ飯田線本長篠駅へは、名鉄名古屋駅から名古屋本線を豊橋駅でJR飯田線に乗り継いで約2時間。本長篠駅から滝上バス停へはバスで約25分。鳳来寺バス停から本長篠駅へはバスで約10分。本数は少ない

⦿立ち寄りスポット情報：四谷千枚田＝新城市四谷。✆0536-22-9931（新城市鳳来総合支所地域課）。田口鉄道廃トンネル＝滝上バス停裏手。鳳来寺＝新城市門谷鳳来寺。✆0536-35-1004。最後に鳳来寺を参拝すると、歩行距離は4㎞増えるうえアップダウンも多い。鳳来寺参道の茶屋をゴールにするのもいい

知多半島横断

ちたはんとうおうだん

愛知県

憧れの「○○横断の旅」を、身近な半島で歩き通す

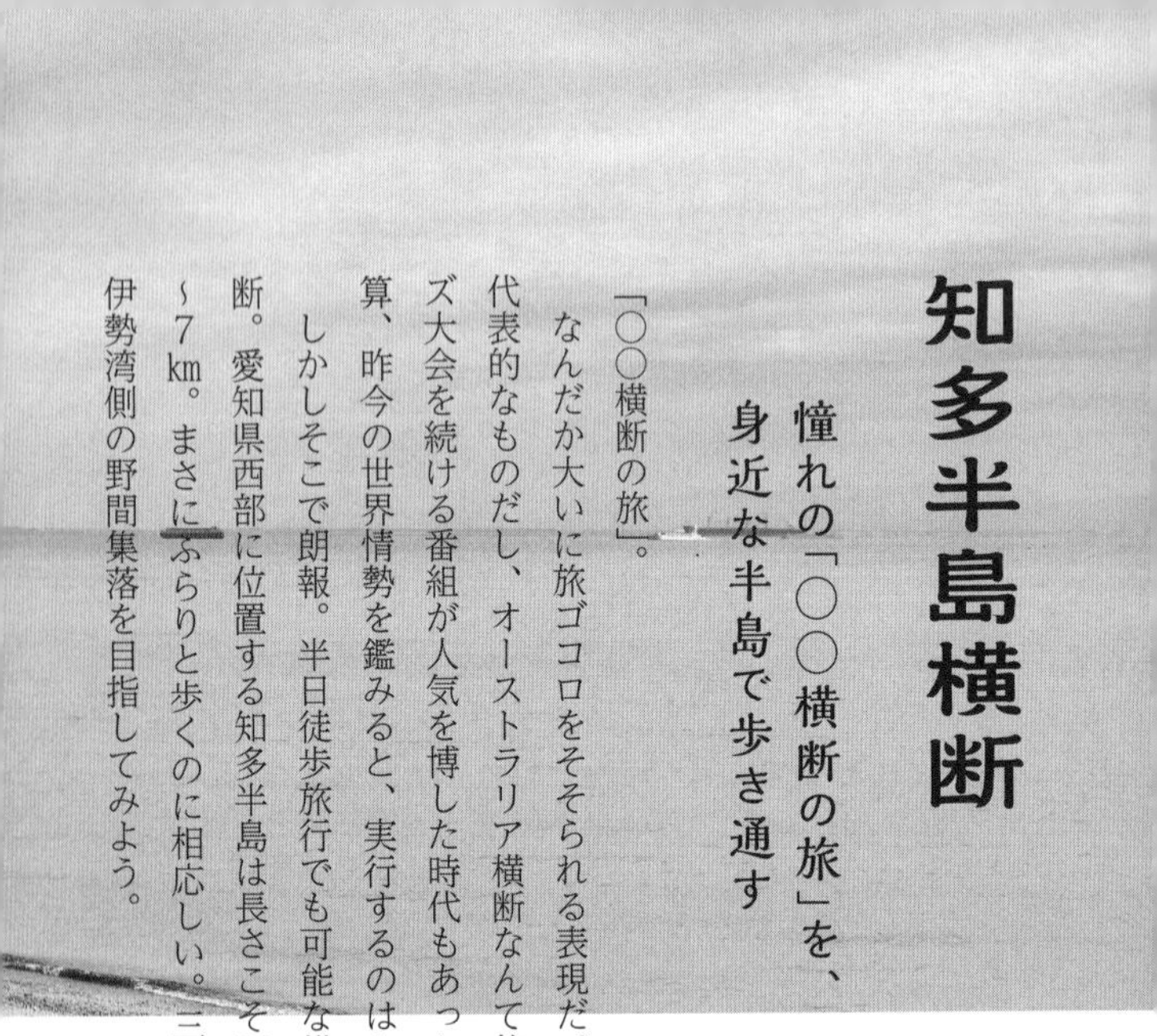

「○○横断の旅」。

なんだか大いに旅ゴコロをそそられる表現だ。ユーラシア大陸横断なんていうのはその代表的なものだし、オーストラリア横断なんて旅もある。昔はアメリカを横断しつつクイズ大会を続ける番組が人気を博した時代もあった。旅好きなら誰しも憧れるが、時間や予算、昨今の世界情勢を鑑みると、実行するのはなかなか容易ではない。

しかしそこで朗報。半日徒歩旅行でも可能な横断の旅がありました。それは知多半島横断。愛知県西部に位置する知多半島は長さこそ30km以上あるものの、幅は狭い部分なら5～7km。まさにふらりと歩くのに相応しい。三河湾に面する河和港から西へ進路を取り、伊勢湾側の野間集落を目指してみよう。

河和は現在でこそ日間賀島や篠島、遠くは伊良湖岬への玄関口として知られるが、かつては半農半漁の静かな集落だったそうで、町に足を踏み入れれば今でも細い路地筋に昔ながらの木造家屋が点在している。まずはここで三河湾を望んでから西へ歩き出す。

河和の集落からは、なるべくクルマが少なそうな道を選ぶ。そのためには地形図に赤で描かれている国道や、黄色で描かれている県道を避けるのが基本なのだが、今回は地形図上にちょっと不思議な表記を見つけた。

河和から1・5㎞ほど西へ進み、南知多高速道路を橋で渡ったところで接続す

河和の町に着いたら、まずは三河湾を眺めに浜辺へ。するとそこには河童の像が。海なのに河童と不思議に思ったが、どうやらここの海には河童にまつわる伝説が伝わっているらしい

る、曲がりくねった一本の実線で表記された道。これは幅1～3mの軽車道を意味している。この幅ではクルマのすれ違いも難しく、山中の林道の表記で見ることが多い。これが興味深いのはそんな道にもかかわらず、黄色で上塗り、つまり県道扱いになっているのだ。県道でもこの道幅なら話は別。逆にどんな道か気になって躊躇なく入り込む。

高速道路を横切るまではそこそこあった道幅も、その先からは急に細くなる。樹林に囲まれて視界は利かないが、ときおり作業音やラジオからの音色がかすかに聞こえてくるので、人の手は入っているのだろう。ときどきミカン畑も見え隠れする。地形図によれば、周囲は標高30～50mの緩やかな丘陵が続き、これがミカン栽培に適しているようだ。同時にこの地形はソーラーパネル設置にも適しているようで、あちこちにまとまった数が並んでいた。

やがて樹林越しに、まっすぐ延びた運河のようなものが目に入ってきた。愛知用水だ。半島自体が小さくて、大きな川のないこの地域は昔から水の確保に苦しんできたという。それを解消するために、昭和30年代に築かれたのが愛知用水なのだ。岐阜県の木曽川水系を分流、およそ122㎞にわたって知多半島を縦貫。さらには海底導水管を経て日間賀島や篠島にも送られ、同じく水不足に悩まされていた島々をも潤したという。歩いていると

ため池に遭遇することがあるが、それも水不足時代の名残なのか。
　愛知用水を過ぎたあたりから道は急に広くなる。もしかしたら、最終的にはすべてこの広さに統一することを前提としての県道扱いなのかもしれない。ゆっくりと標高を下げるにつれて田園風景が広がりだし、これも愛知用水の恩恵か。
　名鉄知多新線のガードをくぐれば伊勢湾はもうすぐのはずだが、傾斜が緩やかなせいか最後まで海は見えてこない。奥田集落はかつて塩廻船で栄えたそうで、そのせいかポツポツと歴史を感じさせる豪壮なお屋敷が建っている。
　そんななかを抜けていくと、細い路地

知多半島を横断しながら続く山中の細道。ほかにこの道を歩く人はいなかったが、周辺には廃屋や放棄されたと思しき果樹畑もあったので、以前はもっと利用されていたのかもしれない

無事に伊勢湾に到着。名古屋港を擁する伊勢湾はひっきりなしに大型貨物船が往来しており、その手前には海苔漁師たち。海苔の収獲は11月下旬から4月上旬とのこと。まさにこれからがかきいれどきだ

の向こうについに青い海が。伊勢湾だ。夏には海水浴場で賑わうようで、海の家も建っているが、秋も深い今の時期はさすがに無人。代わりというわけではないが、眼前の海には支柱がずらりと並べられており、海苔が養殖されていることがわかる。もう海水は十分冷たい季節でも、海苔漁師たちは海に立ち込んでの手入れに余念がない。伊勢湾の深奥には日本有数の貿易量を誇る名古屋港があるだけあって、そんな海苔の養殖風景の向こうを巨大なタンカーがいくつも行き来する。さらにその背後には、御在所岳や鈴鹿峠を擁する鈴鹿山脈がそびえている。

知多半島横断の旅はこれにて完結する

野間の集落には、昔ながらの黒壁の家並みが数多く残っていた。愛知県の海沿いには黒壁の集落が点在するが、この規模で残っているのはなかなか珍しい

も、ここからはそんな風景を眺めつつ浜辺を南下。野間集落まで歩くと、そこには昔ながらの黒壁の家並みが数多く残っていた。奥田が塩廻船で栄えたのに対し、野間は多くの船乗りを輩出した集落らしい。知多半島横断は単なる移動ではなく、知多湾から伊勢湾に至る、人々の営みを教えてくれる旅でもあった。

DATA

⊙モデルプラン：名鉄河和駅→三河湾→河和の町並み→実線県道→愛知用水→奥田集落→伊勢湾→野間集落→名鉄野間駅
⊙歩行距離：約10㎞
⊙歩行時間：約3時間半
⊙アクセス：起点の河和駅へは名鉄名古屋駅から名古屋本線で約50分。終点の野間駅からは名鉄知多新線で名鉄名古屋駅へ約55分
⊙立ち寄りスポット情報：河和の町並み＝美浜町河和。野間集落＝美浜町野間。実線の県道に入ると奥田集落まで商店等はない

半田の町とごんぎつねの里

はんだのまちとごんぎつねのさと

醸造で栄えた町を抜け、新美南吉が想像の翼を広げた風景へ

愛知県

『ごんぎつね』といえば、誰しも子どものころに一度は読んだり聞かされたりしたのではないか。いたずら好きの子狐・ごんと村人・兵十を巡る楽しくも悲しい物語だ。小学校で読んだときには、「いたずらばっかりするからそんな目に……」と、ごんに対して批判的な感情を持ったが、あらためて読み返すと、同情というか共感の念が強くなっているのは、自分もこれまでに多くの失敗を繰り返したことへの反省や後悔があるせいだろうか。

この『ごんぎつね』の作者である新美南吉の生まれ故郷が、知多半島の半田だ。彼の生家は今も復元保存され、近くには記念館も建

半田は江戸期から盛んになった醸造の町として知られる。運河沿いにはミツカンのマークが描かれた建物が建ち並び、作られた酢や酒はこの運河から船で江戸に運ばれていった

てられている。そんな『ごんぎつね』の舞台となった里山の世界観に浸ってみたく、半田の町を歩くことにした。

ＪＲ半田駅を出て東に向かうと、南北に延びているのが半田運河。そしてその周囲には黒塗りの大きな建物が建ち並ぶ。半田といえば醸造の町としても有名だが、そのなかでもお酢のミツカンは知らない人がいないほど大きな会社。運河沿いにも三本線に丸をつけた、あのマークが描かれた建物は多い。江戸時代、このミツカンが米酢より安価で手軽な粕酢を江戸に売り込んだことが、江戸前寿司を発展させる大きなきっかけになったそうだ。

運河沿いから新美南吉の生家に向かうには、家々の間を縫うような細道を辿るが、この道が紺屋街道と呼ばれる古道。半田の港がまだ整備される以前、知多半島西側の大野港と半田を結ぶ物流の道として発展したのだという。紺屋街道という名前の由来も、この道沿いに帆船の帆を染める紺屋が点在していたためだとか。

やがて紺屋街道が国道２４７号線と交差すると、そこには大きな

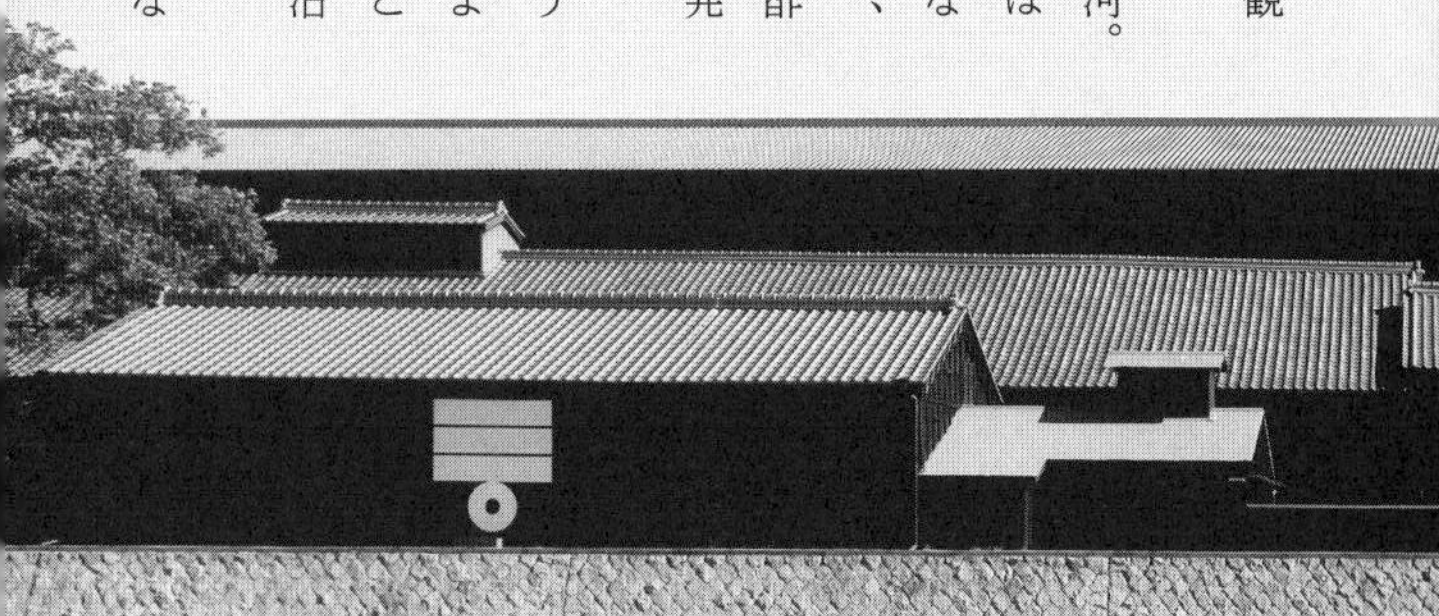

紺屋街道を北上するとやがて現れるのが「半田赤レンガ建物」。これは1898(明治31)年、カブトビールというビールメーカーの工場として建設されたもの。現在は復刻したカブトビールを楽しめる

赤レンガの建物が見えてくる。これは明治期に建造されたカブトビールの工場で、現在は資料館として公開されているほか、カフェでは復刻されたカブトビールも楽しめる。

この建物の周囲をぐるりと回ると、北側の壁にいくつもの傷が残っていることに気づくが、これは1945(昭和20)年に米軍戦闘機の機銃掃射によってつけられたもの。戦争中、中島飛行機が倉庫に使っていたのが狙われた理由らしい。

ここから北上、半田口駅を越えた先の住宅街に建つのが新美南吉の生家。彼が生まれた1913(大正2)年当時は畳屋と下駄屋を営んでいたそうで、その様

復元された新美南吉の生家。このときはメンテナンス中とのことで、窓越しからの見学だったが、いつもはなかにも入ることができるそう。平屋に見えるが、実は2階もあるらしい

子が復元されている。なんともこぢんまりとした一戸建てで、南吉はこの屋根の下で想像の翼を広げていたのか。

　南吉の生家からしばらく交通量の多い県道を辿れば、そこには新美南吉記念館。直筆原稿をはじめ、彼の生涯に関するさまざまな資料が展示されている。意外だったのは、彼が『ごんぎつね』を発表したのは、まだ18歳だったこと。16歳のときには多くの童話を雑誌へ投稿していたというから、これはなかなかの早熟である。その後も代用教員などを務めつつ作品を発表するも、結核でわずか29歳の生涯を終えたのが悲しい。記念館の周囲は現在「童話の森」公園として整備され、

この日も多くの親子連れで賑わっていた。

記念館から田園風景を抜け、矢勝川を渡ってさらに北へ行くと、そこにあるのは権現山と呼ばれる小さな山。新美南吉は子どものころからこの山に親しんでいたそうで、『ごんぎつね』の「ごん」という名前もこの山名からとったのではといわれている。

山頂の神社を目指す階段を上がっていけば、山麓、山腹、そして山頂にも数多くのキツネの石像が並んでおり、なるほどここがごんぎつねの故郷か。権現山の脇を抜ける車道に立つ「動物横断注意」の交通標識のシルエットが、キツネだったのも気が利いている。

矢勝川を境にして、住所は半田市から阿久比町へと変わる。ならば戻るよりも阿久比駅まで歩くことにしよう。緩やかな起伏が続くなかを抜けていくと、途中には箭比（やひ）神社という神社が現れる。鬱蒼とした森に囲まれ、なかなか趣のある神社だなと散策すると、参道の途中には小さな赤鳥居が建っており、神社の縁起によるとこの鳥居をくぐった者は「おこり」にかかるのだとか。おこりってなんだ。病気みたいなものか。参道もわざわざ鳥居を迂回して整備されている。森の小さな神社でこの状況。イヤな予感しかしないので、もちろん鳥居は避ける。

ここまで来れば阿久比駅まではあと少し。ちなみに阿久比という地名、見つけたときは

『ごんぎつね』の故郷とされる権現山。その脇を抜ける車道に掲げられている「動物注意」の交通標識は、絵柄がキツネだった。シカやサル、タヌキは見たことがあったがキツネは初めてだ

「あくび」と読んで、「かわいらしい地名！」と感動したのだが、正しくは「あぐい」。それでも十分チャーミングだけれども。

DATA

⦿**モデルプラン**：JR半田駅→半田運河→紺屋街道→半田赤レンガ建物→新美南吉生家→新美南吉記念館→権現山→箭比神社→名鉄阿久比駅
⦿**歩行距離**：約10㎞
⦿**歩行時間**：約3時間半
⦿**アクセス**：起点のJR半田駅へは名古屋からJR武豊線で約50分。名鉄名古屋駅から河和線で知多半田駅まで約35分。知多半田駅からJR半田駅までは徒歩7分ほど。終点の阿久比駅から名鉄名古屋駅へは河和線で約30分
⦿**立ち寄りスポット情報**：半田運河＝半田市中村町。紺屋街道＝半田市堀崎町。いずれも✆0569-32-3264（半田市観光協会）。半田赤レンガ建物＝半田市榎下町8。✆0569-24-7031。新美南吉生家＝半田市岩滑中町1-83。年末年始休。無料。新美南吉記念館＝半田市岩滑西町1-10-1。いずれも✆0569-26-4888。9:30～17:30。月曜、第2火曜（祝日・振替休日の場合開館し、翌開館日が休館）、年末年始休。一般220円。箭比神社＝阿久比町大字矢高字石根37。✆0569-48-1111（阿久比町観光協会）

明智の町並みと颪

あけちのまちなみとおろし

岐阜県

地形図上に見つけた珍地名から、山を越えて生糸で繁栄した町へ

岐阜県の恵那駅から明智駅までを走っている明知鉄道。もともとは国鉄明知線だったものが国鉄末期に廃線対象となったことから第三セクター化。全長は25㎞ながら急勾配、急カーブが連続し、さらには美しい里山風景のなかを走るとあって、一度乗ってみたかった。明知鉄道の終着駅はその名も明智駅。鉄道名が「明知」鉄道なのに対し、駅名が「明智」というのが不思議だが、これはもともとこの駅の所在地は明知町だったのが、市町村合併により明智町へ改称（現在は恵那市）。駅名もこれにそろえて変更したそうだ。

明智は明治から大正にかけて生糸生産で繁栄、おかげで当時の町並みが今も多く残っており、町は「日本大正村」の別名をもって売り出している。ならば明知鉄道と明智の町だけで旅を完結できそうなものだけど、ここでまた「もうひとネタ」というクセが出た。

明知鉄道の明智駅は1934(昭和9)年開業。入口脇に立っている丸型ポストとも相まっていい雰囲気。ちなみにこのときホームに停車していたのは「きのこ列車」という食堂車だった

明智の町に入るのにどこか楽しそうなアプローチはないものかと、地形図を広げてみる。すると明智の少し南。もう愛知県との県境はすぐそこというところに「颪」という珍しい地名を発見。颪、おろし……。六甲おろしや赤城おろしでも使われているあの颪だろうか。颪から明智へのちょっとした山越えルートは東海自然歩道にも指定されている。さらには颪にもほど近い藤内という集落までは、恵那市のコミュニティバスが走っている。条件はそろった。颪から明智を目指すことにしよう。

午前中の明知鉄道はハイキング姿の中高年で賑わっていた。さらにはおじいち

明智？ 明知？ 凪!?

ゃんと孫だろうか。運転席横で一輛編成のディーゼルカーが辿る先を一緒に眺めている。恵那を抜けると、路線はすぐに山に挟まれた谷間をうねうねと縫うように走る。運転席ごしに見える線路も常にカーブを描いていて、先まで見渡せる場面は少ない。そしてときおり周囲が開けて田園が広がると、小さな駅舎に停車という具合だ。

やがて終点の明智駅に到着。あえて風景はあまり眺めずに、駅前で待つ小さなワゴンバスに乗り継ぐ。明智の町との公式の？出会いは山を越えてきてからにしたかったのだ。

バスは明智川沿いを南下。藤内バス停で下車時に運賃を払おうとすると、なんとこの日は運賃無料日とのこと。どういう条件なのかはわからないが、申しわけなくもありがたい。

バス停の先で分岐する道を西に反れ、しばらく歩いた場所が地図上の凪だ。地形はといえば、そこは明智川に小さくかつ深い沢が合流しており、そのすぐ先はもう愛知県。たしかに冬には沢伝いに強い風が吹いてきそうではある。もしかしたら下流の愛知県側から名づけられた地名なのか。誰かに地名のいわれを尋ねてみたかったが、近辺には誰ひとりいない。一軒だけ民家があったものの人の気配はない。そもそもここが本当に凪なのかという疑問もないではなかったが時間切れ。山道を明智に向かって登り始める。山道沿いに立っていた古い指導標が唯一、自分が歩き始めた場所が凪だということを証明してくれた。

地形図の表記のみを頼りに辿りついた「凬」だったが、現地ではその地名を表示するものは見つからず、山道に入って出てきた指導標にようやくその地名を発見してなんだか安心

山道には倒木があったりもしたけれど、道筋自体はしっかりしている。歩き始めこそ200mの標高を稼ぐのに息が切れたものの、そこからは平坦な尾根伝いに。いつのまにか道に自動車の轍がつき始めるとポツンと民家が現れ、先には一面にソーラーパネルが広がっていた。たしかに平坦な山頂部は設置場所として最適かもしれない。そして国土地理院も、そろそろソーラーパネルの地図記号を考案したほうがいいんじゃないかとよけいなことを考える。

この山並みは古くから人が暮らしていたようで、途中でふたつの集落を抜け、約2時間で明智の町に到着。先ほどの

凮から明智を目指す山道はあまり歩かれている様子はなかったが、道筋ははっきりしており、昔から使われてきたことがわかる。明智までの山中には、ふたつも小さな集落があった

乗り継ぎはなかったことにして、「おお、ここが明智か！」とひとり感慨にふける。

町の中心部へと足を向ければ、そこかしこに往年の繁栄を思わせる建物が残っており、またその狭間に延びる路地には、当時の面影を残す古い商店が軒を連ねる。多くはすでに営業していないのが残念だが、少し想像力を働かせれば、製糸工場に勤めていた職工たちが、仕事上がりにこんな横丁をそぞろ歩く姿が頭に浮かぶ。その後、日本の生糸産業は斜陽を迎えたが、明智の場合は便利とはいえない地理的条件から性急な再開発を免れ、こんな街並みを今に残したのだろう。

帰り際、町の観光センターでも凮につ

静かな時間が流れる明智の町並み。ところどころに往年の繁栄を偲ばせる建造物が残る。この通りは「うかれ横丁」と呼ばれ、当時の繁華街だったそうだ。道の上に架かる木造の渡り廊下が珍しい

いて尋ねてみた。スタッフのかたは町史まで引っ張りだしてくれたものの、結局その由来についてはわからず。のちに調べてみると、颪という字には「山から吹く強い風」以外にも「急峻な崖」という意味もあるらしい。そういえばあの沢筋は険しい斜面に挟まれてもいた。あの地名の由来は、これらの意味のどちらか、あるいは両方なのかもしれなかった。

DATA

⦿モデルプラン：明知鉄道明智駅→藤内バス停→颪→東海自然歩道→明智の町並み→明智駅

⦿歩行距離：約8.5㎞

⦿歩行時間：約3時間半

⦿アクセス：起終点の明智駅へは、名古屋駅から中央本線を恵那駅で明知鉄道に乗り継いで約2時間15分。そこから藤内バス停へコミュニティバスで約15分

⦿立ち寄りスポット情報：明智の町並み＝恵那市明智町。℡0573-25-4058（恵那市観光協会）

とびしまむら

飛島村

愛知県

伊勢湾深奥に位置する、日本一裕福といわれる村を訪ねて

「飛島村」の文字を見て、最初は奈良県明日香村の一部だった「飛島村」と勘違いした。次に頭に浮かんだのは日本海にある島、「飛島」だった。けれどあの島は山形県酒田市だ。よくよく地形図を眺めてみれば、その村があるのは伊勢湾の奥、川を挟んで名古屋市と隣接しているのだった。名古屋にも近く、さらに日本有数の海上物流も担う名古屋港に面したこんな場所に村？　にわかには想像しがたいが、調べてみるとさらに驚きの事実が。

この飛島村、実は日本一の裕福村だというではないか。いったいどういうことなのか。こんなときは実際に行ってみるにかぎる。なんといっても名古屋からも至近なのだ。ちなみに現在愛知県には村がふたつあって、飛島村ともうひとつは豊根村。こちらは県北東部の長野県に接しており、村の90％が山林というわかりやすい村のイメージを有している。

飛島村に鉄道はないが、名古屋から急行でひとつめの近鉄蟹江駅よりバスに乗れば、約20分で飛島村の中心である飛島村役場だ。バスの車窓から見える風景はどこまでも平坦。そして何本もの川が縦横に流れている。そういえばこのあたりは木曽三川の河口部にも位置している。これまでには何度も水害に苦しめられたことだろう。

そんなことを考えているうちに村役場に到着。バスを降りて役場を振り返ると、で、でかい。さすがに裕福村といわれるだけのことはある。まるで、都心にある大型コンサートホールのようだ。

まずは隣接する公民館に併設の飛島村郷土資料室を見学させてもらう。そこでわかったのはこの飛島村、かつてはただただ広がる海だったということ。やがて木曽三川の河口砂州が形成され、耕作地の拡大を狙った尾張藩がこれに着目。砂州に堤防を築いて飛島村の基礎ができあがったという。干拓はそれ以降も続いて次第に面積は拡大。1889（明治22）年に周囲と合併して飛島村が成立、今日に至るそうだ。

資料室を出て村内を歩き始めてみれば、たしかにどこも一面の水田だ。名古屋市に隣接、しかも工業地帯もすぐそこという立地にこれだけ水田が広がる風景がなんとも不思議だ。実際一面の水田風景から地元では、「飛島村は4月になると水に沈む」なんていういわれ

田んぼが広がる飛島村の風景。名古屋から10㎞ちょっとしか離れていない、しかも臨海地帯にこんな農村があったとは。江戸時代初期まで、このあたりは一面の海だったそうだ

かたもしているらしい。

そんな水田のなかを歩いていると、点在する家並みのなかにときどき背の低い昔のトイレの煙突のようなものが地面から生えているのに気がついた。いったいなんだろうと思ったところ、これは排水装置の故障警報器なのだった。水はけも悪く、海抜0m地帯とあってはこんな装置も必要なのだろう。

さらに進んでいくと、今度は水田一面を網で覆っている区画が見えてきた。スズメよけにしては厳重すぎるなと眺めていると、田んぼのなかになんだか生き物がたくさん泳いでいる。魚か！　そういえば飛島村の西に隣接する弥富は、昔か

一瞬田んぼかと思ったが、なんだか様子が少し違う。どうやらこちらは金魚の養殖池。隣接の弥富市と同様、このあたりは豊かな水量と地形を利用して、明治時代から金魚養殖が盛んなのだ

ら金魚の名産地として知られている。いわゆる「金魚畑」というやつだ。昭和の米作減反期に、飛島村でも金魚養殖へと転業した農家が相当数いたそうだ。

さて。そろそろ南下を始めて飛島村縦断を目指す。ゴール予定地は村の南部にあるバス停だ。そこからは名古屋港方面へ路線バスが出ているのだ。

田んぼのなかを歩き続けていくと広い国道が現れる。これはいわゆる名四国道と呼ばれるバイパスで、名古屋と四日市を結ぶ物流の大動脈。当然、トラックの往来が激しい。徒歩旅行的にはこういう道はさっさと渡ってしまいたいが、この道筋でトラック野郎御用達らしき街道食

名四国道を渡るとき、国道沿いに見つけた大きな食堂。広い駐車場を有しており、多くのドライバーで賑わっていた。壁に書かれた「めし」の巨大文字は、走行中のドライバーへのアピールだろう

堂を発見。ちょうど空腹だったので暖簾をくぐり、ドライバーたちと椅子を並べて、牛すじ定食のお昼とする。

ちなみにこの付近には、かつて日本で一番長いといわれた住所が実在していた。その住所は「愛知県海部郡飛島村大字飛島新田字竹之郷ヨタレ南ノ割」。あまりに長すぎて不便だったからか、2015(平成27)年に消滅したそうだ。

おなかもいっぱいになったので南下を再開。ここまで歩いてきたかぎりでは、飛島村が特別裕福な理由は見当たらない。典型的な農村といった雰囲気だ。実際、過去には、その地形上台風や地震で大きな被害を受けたりもして、周辺市町村と

田んぼの真ん中に建っていた不思議な建物は、災害時の一時避難所とのこと。震度5以上の揺れを観測すると入口が自動解錠されるらしい。湾奥海辺の平坦地ならではの津波に対する備えだ

の合併話もあったらしい。

しかし伊勢湾台風の被害を期に計画された臨海工業地帯に飛島村が含まれることとなり、これによる固定資産税の税収が村の財政を超健全化させたのだという。もちろんそれに対して村民が少ないことも理由のひとつ。現在の飛島村民は4500人ほどだという。おかげで18歳までの医療費はすべて無料だったり、100歳まで生きると100万円のお祝い金が出たりとなんともうらやましいかぎり。そのいっぽう、村の大部分は現在も市街化調整区域に指定されていることから集合住宅などの建築が難しく、急激な人口増も抑えられているとか。

バスに乗って村からの去り際、車窓から見えた風景には多くのガントリークレーンが並んでいた。いくつもの物流業者が飛島村に本社を置くという。飛島村のもうひとつの表情だ

飛島村からの帰路。名港西大橋を渡るバスの車窓から湾岸を眺めると、そこには巨大なキリンのようなガントリークレーンがいくつも並んでいた。田んぼとガントリークレーン。こんなシュールレアリズムのような風景に飛島村の秘密はあったのかと、ひとり納得するのだった。

DATA

⊙モデルプラン：飛島村役場バス停→飛島村郷土資料室→水田地帯→金魚畑→名四国道→公民館分館バス停

⊙歩行距離：約8km

⊙歩行時間：約3時間

⊙アクセス：起点の飛島村役場バス停へは、近鉄名古屋駅から名古屋線で近鉄蟹江駅へ約15分。そこからバスで約20分。終点の公民館分館バス停からは名古屋臨海高速鉄道あおなみ線稲永駅へバス約20分。そこからあおなみ線で名古屋駅まで約15分

⊙立ち寄りスポット情報：飛島村郷土資料室＝飛島村竹之郷3-1飛島村中央公民館2階。☎0567-52-1231。9:00～21:30(日曜祝日は～17:00)。月曜休。無料

第6章 旧街道を漂う徒歩旅行

岩村城から大名街道を辿ってくると、希庵橋という橋を渡った。ここは希庵禅師という僧が武田信玄勢との戦いの際、因縁があって斬られた場所だという。橋の傍らには多くの仏像が彫られた石碑が

大名行列から庶民まで、多くの日本人が歩いた旧街道を、現代も再び踏みしめてみよう。

愛知県

あかさかしゅくからごゆしゅく

赤坂宿から御油宿

東海道で最も短い宿場間をのんびりと歩いてみる

歌川広重
赤阪旅舎招婦ノ図

江戸時代。諸大名の参勤交代から庶民の伊勢参りまで、多くの旅行者で賑わった東海道。一度は全踏破をしたいものだが、その前にお試しでどこかを少し歩いてみようか。そんなことを思いながら地図を眺めてみれば、目につくのは点在する53の宿場だ。そのなかで最も区間距離が短かったのは、現在の愛知県東部に位置する赤坂宿と御油宿。その間はわずかに1・7㎞。まずはここを辿るのがよいのではないか。さすがに両宿間だけだと30分も歩けば終わってしまうので、それぞれの端っこから端っこまで、宿場自体ものんびり散策だ。

起点は赤坂宿にほど近い名電赤坂駅。この間は名鉄が併走しているので、アクセスも容易だ。無人駅の改札を抜けて南下すると、いきなり目の前を現代の東海道である国道1号線が横たわる。幹道だけあってクルマの往来はひっきりなし。そんなところは歩行者が横断歩道で渡ることも許されないようで、アンダーパスで地下をくぐる。

このまままっすぐ進めば東海道はすぐだけど、赤坂宿にはちゃんと西側の見附から入りたいので、音羽川に沿って少し上流へ向かう。途中、一匹の昆虫が飛んできてすぐそばに着地。ゴマダラカミキリだ。それほど珍しい虫じゃないけど目にしたのは久しぶり。季節は6月。夏も近い。

やがて左手に杉森八幡の後ろ姿が見えてきたので、それをぐるりと回り込めば赤坂宿の西見附跡に飛び出す。見附というのは宿場にあった出入り口のようなもので、場所によっては柵が設けられたり番人がいたりもしたらしい。

自動車の往来もまばらな東海道の真ん中に立って道筋を見渡せば、不規則なよじれ具合がいかにも旧道っぽい。家々の多くはすでに建て直されているものの、ときおり現れる格子戸の住居が往年の賑わいを想起させる。

そんななかにひときわ立派な旧家が建っていた。大橋屋という元旅籠だ。大名が泊まる本陣と違い、旅籠は一般庶民のための宿。この建物は赤坂宿に大火があった1809（文化6）年以降に建てられたものだというが、それにしても軽く200年越えである。そしてなによりも驚いたのがこの大橋屋、2015（平成27）年まで現役の宿屋として営業していたというではないか。間に合わなかったか。この日は休館日だったが、現在は資料館として内部を公開しているそうだ。

江戸時代の浮世絵師・歌川広重が、『東海道五十三次』と呼ばれる浮世絵木版画のシリーズを描いているが、このなかの『赤阪　旅舎招婦ノ図』と呼ばれる作品はタイトル通り赤坂宿が舞台。そしてそこに描かれているのがまさにこの大橋屋だ。浮世絵を見ると中庭に大きなソテツが植わっているのだが、このソテツはその後、近くにある浄泉寺というお寺に移植され、今日も元気に育っている。

また、赤坂宿と御油宿は、東海道中で

赤坂宿で江戸期から旅籠を営んでいた大橋屋。当時の屋号は鯉屋。現在は資料館として公開されているが、2015（平成27）年までは、現役の宿屋として営業を続けていた

歌川広重が天保年間に描いた『東海道五十三次』の一枚、『赤坂 旅舎招婦ノ図』は大橋屋がモデル。そしてそこに描かれたソテツは、明治期に近くのお寺に移植され、今も境内で育っている

もひときわ飯盛女（私娼）が多くいたとされ、その浮世絵には身支度中の彼女らの姿が描かれているし、十返舎一九の『東海道中膝栗毛』では弥次さん喜多さんもここに泊まるのを楽しみにしている描写がある。

そして東見附跡まで来れば赤坂宿はそこでおしまい。この先にあるのが御油宿。そしてその両宿を結ぶ道沿いに続くのが「御油の松並木」と呼ばれる松並木だ。1604（慶長9）年に植えられた600本のうち、まだ半数以上が残っているとのことで、これは東海道随一。国の天然記念物にも指定されている。

御油宿にも赤坂宿同様、格子戸の家々

東海道の赤坂宿と御油宿間には、「御油の松並木」と呼ばれるクロマツの並木が今も600mにわたって続いている。1604(慶長9)年、徳川家康の命で植樹されたものだそうだ

が点在しているし、現在街道沿いに工場を持つ味噌醤油会社「イチビキ」は、かつては同じ場所で旅籠「大津屋」を営業していたという。

この宿の東林寺というお寺には、飯盛女の墓が残っている。これはその名のとおり、飯盛女たちを弔ったもので、しかも皆そろって入水自殺を図ったらしい。弥次さん喜多さんの話を読むと、飯盛女による客の奪い合いみたいなことがユーモラスに書かれてはいるが、実際の彼女たちは困窮する農家から奉公に出された娘たちだったそうで、その辛さは耐えがたいものもあったのだろう。

このまま街道を進めば、音羽川を御油

御油にも古い街並みが残っている。写真は御油宿の東見附にあたる御油橋の少し手前。それまで真っ直ぐだった道が一度右に折れ、その先ですぐに左へ。いわゆる「鍵の手」構造の道筋だ

橋で渡って宿は終わる。ここまで来てしまえば、御油駅に戻るよりももうひとつ先の国府駅まで歩いたほうが近い。

DATA

⦿モデルプラン：名鉄名電赤坂駅→赤坂宿西見附跡→大橋屋→浄泉寺→東見附跡→御油の松並木→東林寺→御油橋→名鉄国府駅
⦿歩行距離：約5㎞
⦿歩行時間：約2時間
⦿アクセス：起点の名電赤坂駅へは名鉄名古屋駅から名古屋本線で約1時間。終点の国府駅から名鉄名古屋駅までも名古屋本線で約1時間
⦿立ち寄りスポット情報：大橋屋＝豊川市赤坂町紅里127-1。✆0533-56-2677。10:00～16:00。月曜（祝日は開館）、年末年始休。無料。浄泉寺＝豊川市赤坂町西裏88。✆0533-87-3862。御油の松並木＝豊川市御油町並松。✆0533-89-2206（豊川市観光協会）。東林寺＝豊川市御油町今斉28。✆0533-87-2824

馬籠宿から妻籠宿

まごめじゅくからつまごじゅく

岐阜県
長野県

当時の面影を色濃く残す、中山道のふたつの宿場をつなぐ

馬籠宿と妻籠宿。いずれも中山道で栄えた宿場だ。今日でも当時の様子を多く残し、日本人はもちろん海外からの観光客にも人気が高い。山深いイメージがあるが、起点となるJR中津川駅までは名古屋駅から1時間半弱とあって、半日徒歩旅行の目的地としても圏内。ここではふたつの宿場を江戸時代さながらに歩いてつないでみよう。歩く道は、もちろん中山道だ。

中津川駅からはバスで馬籠宿へ。同じバスにはフランス語を話す家族も同乗していた。やっぱり外国人にも人気なんだな。しかし、お母さんと子どもたちがごく軽装なのにくらべて、お父さんだけが巨大なリュックを背負っている。彼らもこれから中山道を歩くのだとしたら、お父さん頑張って、と願うばかりだ。

町中を抜けたバスは次第に山中に入りこみ、やがて馬籠宿に到着。標高およそ580m。バスを降りた瞬間、観光客の多さにちょっと腰が引ける。考えてみればこの日は週末、しかも昼過ぎとあって、一番混み合う時間帯かもしれない。バスには空席も目立っていたので油断した。見れば駐車場は満車。来訪者はマイカー派が圧倒的なようだ。

そんな彼らにまじって、さっそく石畳が続く馬籠宿を歩き出す。街道沿いには昔ながらの家並みが続き、観光客に人気なのもよくわかる。馬籠宿は明治と大正に大きな火災に遭ったと聞くのに、よくもこの景観を維持してきたものだ。多く

馬籠宿に入ってすぐ。ここから宿場内は登り坂が続く。街道脇には水路が流れ、それを利用した水車も回っている。週末のこの日は、多くの観光客で賑わっていた

の家は茶屋や土産物屋を営んでいて、どこも賑わっている。宿場のなかほどには、この地の出身である島崎藤村の資料館も建っている。

馬籠宿といえば思い出すのが、２００５（平成17）年に実施された県境を越えての市町村合併だ。それまでは長野県木曽郡山口村馬籠だったものが、岐阜県中津川市に編入されたのだ。当時の長野県知事の反対発言もあって世間を賑わせたが、結局地元住民の強い意向を尊重して成立。地理的には長野より岐阜に属したほうがなにかと便利というのが一番の理由のようだが、そもそもこの地は明治の廃藩置県以降、名古屋県や筑摩県、さらに長野県とさまざまな行政区分に翻弄されてきた歴史があるそうだ。

登り一辺倒だった馬籠宿も、展望地に辿りついたところでおしまい。目の前には恵那山が大きくそびえている。ここからはいよいよ妻籠宿を目指しての旧道歩きだ。山中に足を踏み入れた途端、さっきまでの喧噪がパッタリと途絶えて逆に寂しいくらい。ところどころに熊よけ用の鐘が常備されているのも、観光地が終わったことを実感させる。

県境にあたる馬籠峠の手前には岐阜側最後の小さな集落が現れ、昔からあまり変わっていないであろうひなびた様子が趣深い。観光地化する以前の馬籠宿もこんな風情だったのかもしれないいな。

標高790mの馬籠峠では茶屋が店を開けていた。信州側の展望が大きく開ける場所となれば一服しない手はない。軒先には「ご自由にどうぞ」と、旬のカキが籠に並べられていた

馬籠峠では茶屋が営業していた。店先に腰かけて、ご主人に峠の先に目立つ山の名を尋ねると、伊勢山とのこと。山深い木曽路。知らない山がいくらでもある。

峠からは再び山中を下っていく。それまで混合樹林だった周囲は、次第に一面のスギ林に変わっていく。木曽といえばヒノキのイメージが強いが、ここでも戦後の林業行政によってスギが多く植えられたようだ。谷筋なのに加えて濃密な森が続き、昼なお薄暗い。かつては五街道のひとつで、多くの人が往来していたはず。照明といえば提灯くらいしかなかった時代、少し日が傾いただけでもこの山道を歩くのは大変だったろう。

馬籠峠を越えて信州側の妻籠宿へ到着。夕刻の妻籠宿は観光客も少なく、しっとりと落ち着いた雰囲気だ。車道の方向表示に「松本」の地名が現れ、県境を越えたのを実感

やがて道は吉川英治の小説『宮本武蔵』の舞台ともなった男滝・女滝を抜けて、大妻籠の集落、そして妻籠宿に辿りつく。こちらも馬籠宿同様、往年の町並みが色濃く残されており、国の重要伝統的建造物群保存地区にも選定されている。

馬籠宿より平坦なせいか、もう少しのんびりした雰囲気だ。この町並みを維持するため、集落内では「売らない貸さない壊さない」をモットーとしてきたというが、いうがやすし。実践するのには並々ならぬ苦労が必要だったはずだ。

そんな町並みを抜けてゴールのＪＲ南木曽（なぎそ）駅へ。ここまで来ればもう着いたも同然と思いきや、実際にはアップダウン

妻籠宿からは最後のひと歩き。山深い木曽谷は日が落ちるのも早く、石畳に映る自分の影も長くなってきた。少しペースを上げて、ゴールであるJRの南木曽駅を目指す

を繰り返しながらいくつも集落を抜けることになり、歩き続けた足には地味にきつい。ようやく到着した南木曽駅では、駅の女性から「名古屋方面？　だったら今停まってるのに乗って！　乗ったら整理券を忘れずに取って！」と急かされるがままに、さらに疲れた足でホームの跨線橋を駆けあがることになるのだった。

DATA

⊙モデルプラン：馬籠バス停→馬籠宿→展望広場→馬籠峠→男滝・女滝→大妻籠→妻籠宿→JR南木曽駅
⊙歩行距離：約11㎞
⊙歩行時間：約4時間
⊙アクセス：起点の馬籠バス停までは、名古屋駅からJR中央本線で中津川駅まで約1時間20分。そこからバスで20分。終点の南木曽駅からは中央本線で名古屋駅まで約1時間50分
⊙立ち寄りスポット情報：馬籠宿＝中津川市馬籠。℡0573-69-2336（馬籠観光案内所）。男滝・女滝＝木曽郡南木曽町吾妻。妻籠宿＝木曽郡南木曽町吾妻。いずれも℡0264-57-3123（妻籠観光協会）

伊勢街道と松浦武四郎

偉大なる先人の足跡を知るべく、旧街道を歩いて生家を訪問

いせかいどうとまつうらたけしろう

三重県

松浦武四郎。幕末から明治にかけて活躍した旅行家にして探検家、作家、蒐集家……。なかでも知られているのが、それまで蝦夷地と呼ばれていた北海道の名づけ親ということ。彼が生まれたのは現在の三重県松阪市。家の前を伊勢街道が通り、そこを行き交う伊勢参拝客から聞く各地の話に刺激を受けた彼は、16歳にして早くも家出同然で東海道を歩いて江戸へ。当然、すぐさま呼び戻されるのだが、その際に同じ道を戻るのはつまらないと、今度は中山道経由で帰ったというのがなんだか親近感が湧く。

帰宅後も長く家にとどまることはできず、19歳にして四国八十八ヶ所の札所を踏破。その後いよいよ全国を旅するにあたって、自由に旅をできる利点のために僧侶となり、途上で旅費を稼ぐために篆刻の技術も身につけた。鎖国下とあって実現はならなかったが、朝

「北加伊道」とする!!

松浦武四郎

鮮半島を経て中国、インドまでを旅の視野に入れていたという。

その後、彼は6度にわたって蝦夷地を踏査。アイヌ民族の文化や風俗を調査し、その成果は151冊にも及ぶ記録として残され、現代に伝えられている。

そんな彼の生家が今も伊勢街道沿いに現存し、近隣には松浦武四郎記念館も公開されている。いくつかの最寄り駅からのルートを調べてみると、若干離れているもののJR高茶屋駅の直近を伊勢街道が通っているのがわかり、ならば街道を辿って松浦家を訪問だ。

高茶屋駅は田んぼのなかの小さな駅で、下車するのは自分くらいかと思っていたら、意外にも高校生くらいの若者がゾロゾロと20人以上降りていく。「まさか彼らも松浦武四郎の薫陶を受けた者なのか!?」とドキドキしながら後をついていくと、途中で道を違えた彼らの行く先には巨大なイオンモールがそびえていた。……そりゃそうだよね。

周囲には田園風景が広がるが、この道筋にのみときどき集落が現れるのがいかにも歴史の道だ。自動車のすれ違いに苦労しそうな道幅もそれらしい。

やがて雲出川(くもず)の畔に出る。かつては渡し船があったそうだが現在は橋で渡り、そこから再び街道に戻ったところに松浦武四郎の生家はあった。築年数およそ200年。まさに彼が生まれ育った家だという。彼の家は代々庄屋を務める郷士の家柄だけあって、主屋のほかに蔵や納屋、離れまである立派なもの。末っ子に生まれて比較的自由に育てられたことも、彼の人生に影響を与えたのかもしれない。

家の前に立ち、各地から来る参拝客にご当地話をねだる彼の姿を思い浮かべてみる。当時の伊勢街道は、日本各地の文化が交差するシルクロードのような存在だったのかもしれないな。僕が子どものころ、テレビで放映されていた『驚異の世界』や『兼高かおる世界の旅』といった旅番組に夢中だったのにちょっと重なる。

そこからは直近にある松浦武四郎記念館へ。こちらは生涯に歩いた総距離2万

松浦武四郎の生家。幼少期の武四郎はこの家の前に立ち、日本各地からやってきた伊勢参りの参拝者たちに地元の話をねだったという

落ち着いた雰囲気を見せる伊勢街道。写真なかほどの右手に古い石標が、左手に常夜灯の頭が少し見える。ここは月本追分と呼ばれ、伊勢街道と奈良街道の分岐点だ

㎞ともいわれる、彼が遺した数々の資料を展示している。琉球を除くすべての日本を旅した彼であるが、やはり際立つのは蝦夷地踏査だ。アイヌの人々と深くつきあい、彼らの風俗になんのフィルターもかけずに残した記録はまさに現在でいうジャーナリズム。当時の日本人の多くが、日本人に同化させることが彼らのためであると信じていたのとは対極的だ。

記念館からは伊勢街道を辿って松阪へ。道筋にはもちろん新しい家も建つものの、ときとして昔ながらの家が現れる。道筋自体もあまり変わっていないのだろう。道筋代わりに目立つのが昔からの石標と常夜伊勢街道を示す看板は意外なほどなく、

田んぼの前に祀られている山の神。田んぼなのに山の神？と思ってしまうが、農家では春になると山の神が里に下りてきて田の神になるという信仰があるそうで、これもそういうことなのだろう

灯だ。これが残っていれば、今さら新たな看板を立てる必要もないのかも。常夜灯は今では神社などで目にすることが多いが、ここではまさに伊勢を目指す旅人たちの道を照らすものだったようだ。

途中、三渡（みわたり）川の川面を眺めると、立ち込んでなにかをすくう人がいた。聞けばシジミを獲っているとのこと。姿形こそ違え、おそらくは江戸期から変わらぬ風景だ。その後、松阪市街に入ると道幅は広くなり、交通量も増える。松阪駅も近い。

ちなみに北海道の命名者として知られる松浦武四郎だが、実は彼が提案したのは北海道ではなく「北加伊道」。この「加伊（カイ）」というのはアイヌ民族の自

三渡川でなにかと獲っている人の姿を見かけた。こうなると獲物がなんなのか気になってしかたがない。ついつい近寄って様子をうかがう。獲っていたのはシジミでした

称を示す言葉だったそうだ。しかし、実際に採用されたときにはこれが「海」に変更。明治政府の意図は想像に難くないが、その直後、松浦武四郎は任命されていた開拓使の役職を辞したというエピソードも、彼の反骨精神を象徴するようで心に響く。

DATA

⦿モデルプラン：ＪＲ高茶屋駅→雲出川→松浦武四郎誕生地→松浦武四郎記念館→三渡川→松阪市街→JR松阪駅
⦿歩行距離：約13㎞
⦿歩行時間：約4時間半
⦿アクセス：起点の高茶屋駅へは名古屋駅から紀勢本線で約1時間10分。終点の松阪駅から名古屋駅へは、紀勢本線で約1時間15分
⦿立ち寄りスポット情報：松浦武四郎誕生地＝松阪市小野江町321。9:30〜16:30。月曜（祝日の場合翌火曜）、祝日の翌日（土日の場合開館）、年末年始休。一般110円。松浦武四郎記念館＝松阪市小野江町383。9:00〜16:30。月曜、祝日の翌日、年末年始休。一般360円（誕生地との共通割引券あり）。いずれも℡0598-56-6847

姫街道と本坂峠

かつては女性に愛用された？
東海道の脇往還で峠越え

ひめかいどうとほんざかとうげ

愛知県
静岡県

豊橋駅前のバス案内所で、「すいません。『すやま』行きのバスは何番乗り場ですか？」と尋ねたところ、バス会社の制服を着たお兄さんは「すやま!?」と怪訝な表情をした直後に、「あ、もしかして『すせ』のことですか？　山かんむりに高いって書く……」

「そうですすそうです。それです！」

いきなり目的地の読みかたを間違えた。「嵩山」という地名を読むにあたって「嵩＝す」までは解読したのに、まさか「山＝せ」だったとは。日本の地名は難しい。そうはいっても嵩山はかつて姫街道の宿場だったので、地元の人は当たり前に読めるのだろう。

姫街道というのは、浜名湖北岸をぐるりと迂回するように通じていた東海道の脇往還だ。この道自体は古くから存在していたらしいが、江戸時代に地震や津波によって浜名湖南岸

が寸断。これによって多くの旅人が姫街道を利用するようになったという。姫街道という名前は、寸断した東海道を船で越えるのを嫌った女性が多用したというかわいい由来が伝わるいっぽう、「古くからあった道＝ひねた道」の「ひね」が「ひめ」に転訛したという説もあり、そうなると道の印象もずいぶんと変わってくる。

嵩山は三河と駿河、今日の愛知県と静岡県を分かつ本坂峠の愛知側最後の宿場。ここから本坂峠を越えて、静岡側の最初の宿場町だった三ヶ日までを歩いてみよう。

豊橋駅を出発したバスは30分ほどで嵩山に到着。終点まで乗ってしまうと峠直

姫街道の三河側最後の宿場である嵩山で、バスを降りて旧道に入る。雨は降っていないが、これから目指す前方の本坂峠は、雲に隠れて見えない。天気がもってくれるといいが

ポッカリと口を開けた「嵩山蛇穴」。大蛇伝説やら縄文時代の遺跡やら埋蔵金の噂やら、とにかく話題が豊富な穴だけど、さすがに徒歩旅行の「ついで」に洞窟探検はできない

下に着いてしまうので、そのふたつ手前で下車。国道と並走する旧街道沿いの家の多くは建て替えられているが、そのなかにポツリポツリと年季を感じさせる家や蔵、石造りの常夜灯などが残っており、当時の様子を伝える。街道の先に見えるはずの本坂峠は垂れ込めた雲に覆われており、もしかしたら峠は雨模様かも。

嵩山集落の外れには「姫街道　東　本坂峠　西　嵩山宿」と彫られた大きな石標が建てられている。いよいよ峠越えだが、ここではあえてこれをスルー。国道の下をくぐって集落の南側から峠を目指す山道に入る。

しばらくすると見えてきたのが、「嵩

本坂峠はやはり霧雨に包まれていた。峠道と交差するように尾根へと続く豊橋自然歩道には、「令和4年9月1日で廃止」の看板が。自然災害で歩けなくなったのか、歩く人がいなくて荒廃したのか

山蛇穴（じゃあな）」と呼ばれる史跡。道を反れたのはこの穴を見たかったからだ。これは天然の石灰岩洞窟で、なかからは縄文時代草創期から中期にかけての住居跡が発見されている。蛇穴という名前は大蛇が棲んでいたからといわれ、また穴の奥には埋蔵金が隠され、それを守る武者もいたという伝説もある。現在の奥行きは75mとされるが、これは明治期に発生した大規模落盤のためで、もとは長野の善光寺まで続いていた（！）そうで、とにかくさまざまな伝説に彩られている。

　前に立つとそこには横長の開口部があり、奥は漆黒の闇。とくに立入禁止の表示などはないが、さすがに山中の洞窟に

単独で、しかも地図もなしに潜入するのは怖すぎるので、「ほほう、なるほどねー」などと独りごちつつ、満足した気になって蛇穴を後にする。

山道を登り、小さな尾根をひとつ越えたところで、本来の峠越えの道と合流。随所に立てられた「姫街道」の指導標を辿っていくと本坂峠に到着した。案の定、峠は霧雨に煙っており、視界もあまり利かない。じっとしていても身体が冷えるばかりなので、そのまま峠を越えて静岡側へ歩き出す。

愛知県側もそうだったが、道にはところどころ石畳が残っており、これが風情を感じさせるいっぽう、この雨でひどく滑りやすくなっていて難儀する。重心を低くしつつ、なおかつすり足を多用して慎重に下降。ようやく目の前に国道が見えてきてひと安心だ。

地形図では、周辺にはすでに三ヶ日という地名が記されている。三ヶ日の地名を初めて知ったのは社会の授業に出てきた「三ヶ日原人」だが、それ以降で頻発するのはもっぱら「三ヶ日ミカン」。そしてこの国道沿いもミカン畑が延々と続いている。

そんななかを1時間半歩いて三ヶ日駅に到着したものの、もうちょっとだけ先を見てみたくて、ひとつ先の都筑駅を目指してみたらこれが正解。三ヶ日から先は、それまでの整備された車道から曲がりくねった細道になり、いかにも旧道という雰囲気があふれていた。

静岡側に入ってから三ヶ日までは車道歩きが長かったが、三ヶ日から先の都築へは歩きたくなる快適な道が延びていた。姫街道はさらに先へと続いているので、また機会があれば歩いてみよう

やがて現れた都筑駅への分岐には、これから駅へ向かう道は徳川家光が野地城御殿へ寄るときに利用した「御殿道」だったという解説板が。「終わりよければ……」ではないけれど、最後に偶然出会ったそんな道に機嫌をよくしつつ、霧雨のなか小さなローカル駅へと足を向けた。

DATA

⦿モデルプラン：嵩山中村バス停→嵩山蛇穴→姫街道→本坂峠→国道合流→三ヶ日駅→御殿道→天竜浜名湖鉄道都筑駅

⦿歩行距離：約13㎞

⦿歩行時間：約5時間

⦿アクセス：起点の嵩山中村バス停までは、名古屋駅から東海道本線で豊橋駅へ約1時間。そこからバスで約30分。本数は少ない。終点の都筑駅からは天竜浜名湖鉄道で新所原駅へ。そこから東海道本線に乗り継いで名古屋まで約1時間50分。

⦿立ち寄りスポット情報：嵩山蛇穴＝豊橋市嵩山町浅間下92。☎0532-51-2882（豊橋市美術博物館）

すずかとうげをこえてせきじゅくへ

鈴鹿峠を越えて関宿へ

滋賀県
三重県

往年の難所を越えて、いにしえの家並みが続く町へ

現在、三重県と滋賀県を分かつ鈴鹿峠は、東海道では箱根と並んで旅人たちが汗をかいた峠道だ。それでも鈴鹿山脈のなかでは一番標高の低い位置にあり、古来交通の要衝として多くの人がこの峠を越えた。西から伊勢参りに向かうときはもちろん、東から伊勢を目指した人々も、帰りには京都や大阪見物を兼ねることが多く、そんなときもこの峠は越えられてきた。ぜひとも歩いてみたい峠だが、名古屋からではなかなか半日単位で越えられるプランを見つからない。周囲は鈴鹿山脈に囲まれており、どの鉄道駅からも距離がある。もちろん峠を越えるので、アップダウンも要考慮だ。

そんな条件をあてでもないこうでもないと、地形図と時刻表とネットを引っかき回して選んだのが今回のコース。もちろん旅の計画を考えるのは、それ自体がすでに旅の醍醐味のひとつなので、苦しくも楽しい行為ではあるのだけれど。

起点となるのはJR草津線の貴生川駅。貴生川駅からは、本数は少ないながらも甲賀市のコミュニティバスがあるのでこれを利用させてもらい、鈴鹿峠に近い滋賀県側最後の集落・土山へ。ここもかつての宿場町で、車窓からは昔ながらの街道筋がうかがえた。

鈴鹿峠に最も近い熊野神社バス停では、僕ともうひとり、学生服の男子が降り立った。少し前を国道に沿って峠に向かって歩いていく。どこまで行くのかと思いながら後ろをついていくと、この先もう人家はないのではというところで、ようやく一軒の家に消えていった。鈴鹿峠から一番近くに暮らす高校生かもしれない。

そこから少し行くと国道1号線の鈴鹿トンネルが口を開けており、その手前から細道が右手に分岐している。これが鈴鹿峠への旧道だ。緩やかな斜面を登っていくと巨大な石の常夜灯が。これは文化年間に甲賀の有志が建立したもので、万人講常夜燈と呼ばれている。高さ5m以上あるそうだ。たしかに昔から鈴鹿峠には山賊や鬼の類がよく出没したという話を聞く。少しでも旅人の安全を守るためにも、こんな常夜灯に火を灯していたのだろう。

そこから5分も歩けば、あっさり鈴鹿峠に到着だ。あっさりすぎる気もするがしかたがない。難所の鈴鹿峠も滋賀県側は意外と平坦。そして三重県側に長い下りが待っている。

滋賀県側から目指した鈴鹿峠にはあっけなく到着。鈴鹿峠が難所とされるのは、反対の三重県側なのだ。峠には、姿が映った旅人を鬼が襲ったという「鏡岩」も現存する

峠はスギ木立に覆われ、静寂に包まれている。ときおり聞こえるのは鳥やセミの鳴き声ばかり。茶屋跡の石垣が昔を偲ばせる。さすがに現代に山賊もないだろうとタカをくくっていたら、途中二度も大きなシマヘビが道に飛び出してきて驚かされた。

峠からの急斜面を九十九折りで一気に下ると建っているのが片山神社。本殿は1999（平成11）年に焼失してしまったそうだが、残された石垣が立派だ。そこからさらに下っていくと、やがて道は国道1号線と並走する。といっても歩道幅は広く、大きなガードレールで分離されているので不安はない。

鈴鹿峠からの急峻な下りは、石畳のうえにそれが苔むしていたりして滑りやすい。よたよたと下り、途中では蛇に驚かされ、ようやく片山神社まで降り着いてホッとひと息

道が再び国道と分かれた先に古い格子戸の家並みが見えてくると、そこが三重県側の最初の宿場、坂下宿だ。その名の通り、鈴鹿峠から延々と下ってきたところに位置する。難所の手前だけあって往時はずいぶん賑わったそうで、大名が宿泊する本陣が3軒、庶民向けの旅籠に至っては48軒もあったらしい。現在は静けさのなか、当時の本陣跡などを示す石標があちこちに立つのみ。

ここからも鈴鹿川沿いをひたすら下ると、道は再び国道1号線と合流。しばらくは単調な国道歩きになるが、その先に待つのは、いまだにこんな街並みが残っているのかという関宿だ。昔ながらの街

道沿いに残るのは、昔ながらの家並み。国の重要伝統的建造物群保存地区に選定されたことから、外観は極力手を加えないまま残しているという。

これほどの町並みが残っていれば当然観光地化が進みそうなものなのに、あるのは以前のままの民家だったり、地元の人向けの食料品店だったり、雑貨屋だったり。国道も迂回しているため、たまに入ってくる自動車も地元のものが多い。

そういう状況なので、旅の最後に立ち寄る飲食店が見つからず、やむなく入った酒屋では店番のおばちゃんがご近所さんと井戸端会議の真っ最中。僕もそこで缶ビールを購入、ついでにビールケース

坂下宿に残されていた、絵に描いたような山の学校「旧坂下尋常高等小学校」。1938(昭和13年)に建てられたが、1979(昭和54)年に廃校。1999(平成11)年に国の登録有形文化財へ

今も往時とそれほど変わっていないであろう関宿の町並み。「関」という地名は、その名の通りかつてここに古代三関のひとつである「鈴鹿の関」が置かれていたことに由来する

に座りつつ会議に参加させてもらうこととなった。

DATA

⦿モデルプラン：JR貴生川駅→熊野神社バス停→鈴鹿峠旧道分岐→鈴鹿峠→片山神社→坂下宿→関宿→JR関駅
⦿歩行距離：約11.5㎞
⦿歩行時間：約4時間
⦿アクセス：起点の熊野神社バス停へは、名古屋駅からJR関西本線を柘植駅で草津線に乗り継いで貴生川駅へ約2時間。そこからは甲賀市のコミュニティバスで熊野神社バス停へ約45分。途中の田村神社バス停で要乗り換えの便あり。終点の関駅からは関西本線で名古屋駅へ約1時間40分
⦿立ち寄りスポット情報：万人講常夜燈＝甲賀市土山町山中。℡0748-60-2690（甲賀市観光協会）。片山神社＝亀山市関町坂下636。坂下宿＝亀山市関町坂下。関宿＝亀山市関町。いずれも℡0595-97-8877（亀山市観光協会）

金谷宿から大井川

かなやしゅくからおおいがわ

静岡県

石畳の坂を歩き、越すに越せない大河を渡る

大井川。いわずと知れた東海道の難所。「箱根八里は馬でも越すが　越すに越されぬ大井川」という箱根馬子唄の一節は、あまりに有名だ。同じ難所の箱根は馬を利用できるが、橋のない大井川が増水するとどうにもならなくなることを謡ったわけだ。

通常、大井川の渡河は川越人足（かわごし）の肩や、連台と呼ばれる神輿のようなもので越えたが、雨が続き増水すると川留めが宣言され、大名行列といえども足止めを食うことになる。記録によれば最長で28日も川留めが続いたというから、これは大変だ。当然その間にも宿代や食事代は発生するわけで、懐に余裕がない旅人にとっては死活問題だったかもしれない。話は現代になるが、山歩きの最中に天候が悪化、山小屋連泊を余儀なくされるときの状況とちょっと似ている。悪天候による滞在とはいえ宿泊代はかかる。さらに山小屋は基本

現金商売。日に日に薄くなる財布の中身に怯える不安を当時の旅人も味わったことだろう。そんな旅人たちの心中を慮りながら、大井川をはさむふたつの宿場町、金谷宿から島田宿にかけてを歩いてみる。起点は東海道本線の金谷駅だ。

大井川を目指すには東海道を東に向かうが、その前に立ち寄りたいのが駅の南西にある金谷坂。旅人たちの便宜を図るために、幕府の命で石畳工事が施された坂だ。以前のものは高度経済成長期に舗装化されてしまったものの、平成に入って再び近隣住民によって復元された。そんな道への愛情に感謝しつつ、この坂を登ってみよう。鬱蒼と樹木が茂る環境も

方向は逆になるが、金谷駅からまず向かったのはかつての東海道の様子を思わせる金谷坂。1991(平成3)年、地元の有志600人が参加して430mにわたるこの坂を復元したそうだ

相まって、往年の東海道もかくやといった雰囲気だ。途中には、坂での無事を祈る「すべらず地蔵尊」が祀られており、このときは若い女子が「すべらず」だけに合格祈願のお参りをしていた。坂を登りきると、そこには一面の茶畑が美しい。

金谷駅へ戻ったら今度は東へ。かつての金谷宿には本陣が3つもあったそうで、そんなことが書かれた解説板があちこちに点在する。やがて金谷を起点とする大井川鐵道の踏切を渡って、住宅街を抜けると見えてくるのが大井川だ。河川敷には広い運動場が設けられ、その先の大井川はさらに広い。ただし水量はさほどでもなく、実際には河原の面積のほうが圧倒的。その隙間を縫うようにいくつにも分流しつつ大井川は流れている。

ここが本当に難所？　と不思議な気持ちになるが、それもしかたない。現在、大井川上流には30以上のダムがあり、水量も以前の10分の1にまで減少しているらしい。加えて着工中のリニア中央新幹線の影響で、水量はさらに減少するといわれている。

そんなことを考えながら大井川の川面を眺めていると、ふと「今なら歩いて渡れるんじゃないか？」と悪魔がささやいた。江戸時代、大井川を渡るのには川越人足の利用が義務づけられていたが、実際にはお金を惜しんで自力で渡ってしまう人間もいたようだ。もちろんそれは違法なのだけど、黙認することもままあって「目こぼし渡し」などと呼ばれた

そうだ。当然リスクは自己負担。失敗して溺死する悲劇も少なくなかったという。

しかし現在の水量なら……。そう思ういっぽう、昭和の新聞にあった「現代の若者なぜ死を急ぐ。峠道で死のダイビング」の見出しよろしく、「令和のおじさん溺死。橋があるのになぜ目こぼし渡しを」というのが脳裡に浮かび、あわててささやきを打ち消す。

おとなしく橋長1000mを越える大井川橋を渡りながらのぞき込んだ川面には、部分的にはけっこうな深みもあるようで、バカなことをしなくてよかったと安堵する。

大井川の対岸、島田宿入口に建つ島田

川の水量が少ないことから世迷い言も考えたが、結局は橋を渡っての大井川越え。現在この橋下の川面部分は少ないが、川幅一杯に水が流れていたとしたら、それはたしかに難所だっただろう

島田市博物館の庭に設けられていた、当時の川越体験コーナー。庶民は人足の肩車で越えることが多かったようだが、お金に余裕のある人は、「連台」と呼ばれるこんな乗り物で川を越えた

市博物館は、テーマが「旅と旅人」だけあって、渡しに関する展示物が豊富だ。博物館の脇から続く道沿いには、川会所などの建物が復元されており、大井川川越遺跡と呼ばれている。

さて。ここまで来たらゴールの島田駅まではあと少しというところで、最後に寄り道。駅を迂回するように大井川の少し下流へ向かうと、そこに架かっているのは世界最長の木造歩道橋として知られる蓬莱橋だ。1879（明治12）年に架けられたこの橋の長さは897・422m。台風などで過去に何度も流失したが、その度に修理されて今日に至る。この橋の向こうは広大な茶畑が広がる牧之

世界最長の木造歩道橋として知られる「蓬莱橋」。大井川橋の4㎞ほど下流に架かっている。橋の幅は2m半ほどあるが、欄干の高さがヒザあたりまでしかないので、実はちょっと怖い

原台地。明治に入って大井川の川越が廃止。職を失った多くの人足たちがこの橋を渡って台地の開墾作業に向かったという。昔から公共事業には雇用創出という側面もあったのだな。

DATA

⦿モデルプラン：JR金谷駅→金谷坂→大井川→島田市博物館→大井川川越遺跡→蓬莱橋→JR島田駅

⦿歩行距離：約12.5㎞

⦿歩行時間：約4時間半

⦿アクセス：起点の金谷駅へは名古屋駅から東海道本線で約2時間半。終点の島田駅から名古屋駅へも約2時間半

⦿立ち寄りスポット情報：金谷坂＝島田市金谷坂町。☏0547-36-7967(島田市役所博物館課)。島田市博物館＝島田市河原1-5-50。9:00～17:00。月曜(祝日の場合は翌日)、年末年始休。一般300円。大井川川越遺跡＝島田市河原1。いずれも☏0547-37-1000。8:30～17:00。無料。蓬莱橋＝島田市南2丁目地先。☏090-7866-1056(橋の状況など)。一般100円

岩村城と大名街道

いわむらじょうとだいみょうかいどう

岐阜県

日本三大山城のひとつから、かつての参勤交代道を辿る

戦国武将たちが各地に築いた城。城といわれてまず頭に浮かぶのは、名古屋城や姫路城のように平地に建てられたもの。いわゆる平城だ。その立地からもわかるように、戦乱が落ち着いたころに築城されたものが多い。これよりも戦闘を意識したものは平山城と呼ばれ、平地にぽつんと飛び出した丘陵上などに建てられた。郡上八幡城や伊賀上野城などがそれにあたる。戦に備えつつも、近辺に家臣を居住させたり、政治経済の中心としての役目も持つようになった。そしてさらに戦闘に特化したのが山城。その名の通り山がちの地形を利用した城郭で、攻めにくくかつ守る側は籠城が可能とあって、最も戦闘向きといえる。実際には、お城というよりは砦のようなものが多かったようで、現存する山城も、残っているのはほとんどが石垣や石畳など石でできた構造物ばかりだ。

目指す岩村城もそんな山城のひとつ。日本三大山城のひとつにも数えられる名城だ。本丸が位置するのは標高717mと随一の高さを誇り、1221（承久3）年から明治維新による廃城令まで650年にわたって存続し続けた。戦国時代、織田家と武田家に挟まれた悲運の女城主「おつやの方」の物語も知られている。

この岩村城からは、かつて城主が参勤交代で利用した山中の道が「大名街道」として整備され、今日でも歩くことができるのだ。まずは本丸に登城し、殿様と同じ風景を眺めてから「大名」徒歩旅行を楽しんでみるでござる。

起点は明知鉄道の岩村駅。岩村駅から

岩村駅から岩村城へは、こんな城下町を抜けていく。長さ1.3㎞にわたる昔ながらの町並みには、名物の五平餅やかんから餅、酒蔵なども並び立つ。ここでおやつを買ってから歩くのもいい

岩村城本丸までは往復5㎞ほどあり、さらには山城だけあって往路は登りが続く。大名街道は駅からは反対方向へと続くので、時間的体力的に厳しい向きは、駅からそのまま大名街道に入るのもいい。ただその場合でも、城下町くらいは散策したほうが気分も盛り上がるかも。

息を切らせつつ山腹に続く石畳を登ると、やがて幾重にも石垣を積んだ見事な城壁が現れる。それが下草に覆われつつ苔むす様子は、しっかり整備されたお城とはひと味もふた味も違う魅力だ。ほめ言葉になるのか微妙だが、「遺跡」感がたまらないのだ。城好きが「やっぱり最後に行きつくのは山城だね」というのもわかる気がする。

本丸まで登りつめれば、そこからは樹間越しに岩村の町が一望。そしてこれから歩く大名街道はそのさらに先だ。趣のある町並みを抜けて岩村駅から西へ向かえば、大名街道の入口に着く。このコースは東海自然歩道の一部にも指定されているので、道標なども整備されている。田んぼを抜ける道が山道となって小さな峠を越えると、その先で希庵橋という小さな橋を渡る。ここでは当時、岩村の寺で住職をしていた希庵禅師が竹田勢に斬られたそうで、傍らにはいくつもの石仏が彫りこまれた立派な石碑が建てられている。

しばらくすると周囲は鬱蒼とした雰囲気になるが、それでも急な斜面や九十九折りのよ

うな登りがないのは、やはり大名行列が通っていた道だからか。道中にポツポツと立つ石の道標もこの道の出自を感じさせる。

次第に空が開けて高原のような地形になると、どこからか家畜の匂いが漂ってきた。あたりを探ってみると、左手に「岐阜県畜産研究所」の看板が。また右手を下れば東濃牧場という牧場もあるらしい。この付近では丘陵を利用しての酪農が行われているようだ。

近くに設けられた夕立山休憩所は、天気がよければ絶好の展望地らしいが、残念ながらこの日は曇天模様。ひとり草刈りをしていたおじさんは「あっちに恵那

麓から200mほどの標高差を石段で登りつめていくと、やがて幾重にも築かれた立派な石垣が現れる。ここをさらに突破するとようやくかつての本丸跡に到着。抜群の展望だ

大名街道は標高500～700mほどの丘陵地帯を抜けていく。大名行列が通っただけあってそれほど急峻な坂道はないが、それでも山道は山道。殿様はともかくおつきの人は大変だっただろうな

山が見えるんだけど……」と、残念そうに景観を説明してくれた。

少しずつ標高を下げていくと、道端に「お茶屋場」と呼ばれる小さな場所があった。その名の通り、岩村城を出発した大名行列が最初にお茶休憩をとった場所だそう。

そこから北へ向かってまっすぐ下っていけば、田んぼのなかに人家が点在する野井集落に到着だ。ここからは恵那駅へ向かうバスがあるので、ひとり大名旅も終了。ちなみに歩いてきた大名街道。岩村城から最短距離で江戸を目指すのなら東へ向かうのが正解なのに、実際には一度西へ向かったうえで迂回して東海道へ

大名街道の途中に建っていた石の道標。崩し字はなかなか解読が難しいが、「右　おうい」は大井宿、現在の恵那駅周辺で、「左　かまど」は釜戸、現在の瑞浪市釜戸町のことだろうか

入ったという。なんでそんな遠回りをとも思ったが、なるべく他藩の領地は通過したくなかったことや、年に一度くらいは自藩の領土をじっくり視察したかったという殿様の意向もあったそうだ。その気持ち、なんとなくわかる気がする。

DATA

⦿モデルプラン：明知鉄道岩村駅→岩村城→大名街道→希庵橋→お茶屋場→野井集落→JR恵那駅

⦿歩行距離：約14㎞

⦿歩行時間：約5時間

⦿アクセス：起点の岩村駅へは、名古屋駅から中央本線を恵那駅で明知鉄道に乗り継いで約2時間。終点の野井バス停からはバスで恵那駅まで約15分。本数は少ない。恵那駅からは中央本線で名古屋駅へ約1時間10分

⦿立ち寄りスポット情報：岩村城＝恵那市岩村町字城山。📞0573-43-3057（岩村歴史資料館）。岩村の町並み＝恵那市岩村町本町ほか。📞0573-43-3231（恵那市観光協会岩村支部）

大湫宿と十三峠

登って下ってまた登り。起伏に富んだ中山道の峠越え

岐阜県

おおくてじゅくとじゅうさんとうげ

五街道のひとつ、中山道は江戸から現在の埼玉、群馬、長野、岐阜といった内陸を抜けて京都へ至る。海側を通る東海道にくらべると大きな川を越えずにすんだことから、距離的には40㎞ほど大回りだったにもかかわらず、こちらを選ぶ旅人も多かったそうだ。

しかし、そうはいっても山には山の難所もあるわけで、有名なところでは群馬県の碓氷峠や長野県の和田峠といった、いわゆる峠越えがそれにあたる。名古屋を起点にそんな峠のひとつも越えてみたいものだと、地図を眺めつつ中山道の道のりを辿ってみると、ありましたよ。その名も十三峠。調べてみると、やはり往年の難所とされたようで、「十三峠におまけが七つ」なんていういかにも難儀しそうな言葉も残されている。よし、ここを歩いて越え、当時中山道を旅した人の気分を少しでも味わってみようではないか。

十三峠があるのは岐阜県の瑞浪市から恵那市にかけて。それぞれには大湫宿と大井宿という宿場も形成されていた。そこでまずは大湫宿に入り、そこから中山道を大井宿へ向かうことにする。大湫宿へはＪＲ瑞浪駅から出るデマンド交通を利用。これはコミュニティバスと同様、自治体とバスやタクシー会社がタッグを組んで、交通が不便な場所に住む人の移動をサポートするものだ。

利用したデマンド交通は乗り合いタクシーのようなシステムだが、この日はほかに利用者もなく、独占状態で大湫宿まで連れていってくれた。ちなみに運賃は５００円。下車時に「普通にタクシー乗ったら、いくらくらいですか」と尋ねてみると、「４０００円といったところかね」という返事。まったくありがたいことである。ここにかぎらずコミュニティバスは、全国でバス路線が減りつつある現状下、徒歩旅行者には実に助かる乗り物。そんな土地にこそ「ふるさと納税」でお礼をするべきかも。

大湫宿は全長５３４㎞に及ぶ中山道のなかで、江戸から数えて47番目の宿場だ。旅人はもちろん、参勤交代の大名行列にも利用されたが、明治になると新たに建設された鉄道や国道のルートから外れて、それが結果として今日まで町並みを残すことになった。

東西約３４０ｍの宿場には、昔から何も変わっていないかのような家々が建ち並び、道

中山道47番目の宿場町である大湫宿。こぢんまりした山中の宿場町だ。瑞浪市のデマンド交通の存在を知るまでは、どうやってここまで辿りつこうかとあれこれ試行錯誤を重ねた

端では地元のかたが世間話に盛り上がっている。そんな様子を眺めながら通りをのんびり歩いたところで、大井宿を目指して中山道をいざ東へ。

歩き始めて10分もしないうちに、道端に「十三峠」と彫られた石碑が現れるので、「えっ、もう着いたの?」と勘違いしそうだけど、もちろんそんなに簡単ではない。というか当初は勘違いしていた。実は十三峠という単独の峠があるわけではないのだ。中仙道に沿っていくつもの小さなアップダウンが続く、つまり「たくさんある峠」という意味での十三峠なのだった。それに加えてさらに「おまけが七つ」とは。ちょっと気が引き締まる。

いかにも旧街道といった雰囲気が続く、大湫宿から大井宿までの道のり。十三峠といわれるだけあって小さなアップダウンがいくつも続く。いくつかの坂にはいわれありげな名前がつけられている

道は石畳や土道、ときには砂利道や舗装道などさまざまに表情を変え、まるで江戸から現在に至るまでの道の変遷の様子をそのまま体験しているかのようだ。

道端には古い石仏や石祠も多く残り、旅心は数百年を遡る。茶屋跡が、といってもかろうじて平地が残るだけだが、道沿いのあちこちに点在し、それぞれに「灰くべ餅の出茶屋」とか「よごれ茶屋」とか、いったいどんな茶屋だったんだろうと想像をかき立てる屋号が記されている。それと同時に道すがらには水場、つまり沢水や湧き水が出ている場所も目立ち、そのおかげで多くの茶屋も商売ができたのかもしれない。

中山道のまんなかに顔を出している「ぼたん岩」。江戸期からこの名で呼ばれていたとか。鉱物学的にはオニオン・クラックと呼ばれる風化構造が、こんな形状に割れる理由らしい

ちなみに起点となった大湫宿の「湫」という漢字。決して難しい字ではないが、出会ったのはこれが初めて。この字は、もともとは沼地や湿地を表すそうで、そのあたりも水の豊富さと関係あるのかも。

やがて道が国道418号線と交錯する手前、ある一軒のお宅の前に「山形屋」とだけ書かれた石標が立っていた。これも茶屋跡かしらと思っていると、ちょうどそこに地元の男性が通りかかって声をかけてくれた。せっかくなのでこの山形屋について尋ねてみると、これはかつての代官屋敷の跡だそう。さらに話をうかがうと、このかたこそ山形屋の19代目の御当主とのことで、間抜け面をして「こ

中山道沿いに祀られていた「首なし地蔵」。昔、ここで昼寝をしていたふたりのうちひとり目覚めると、もうひとりの首が切られていたという、なんとも恐ろしい話を今に伝える

こも茶屋跡ですか？」なんて聞いてしまったのが恥ずかしい。

この先も十三峠の名に違わず、登り下りを繰り返しつつ中山道は続く。まるでボタンの花が開いたように見える「ぼたん岩」は、江戸期から語り伝えられたまま今もそこにあるし、乱れ坂と呼ばれる坂の下を流れる川は、川幅こそ狭いものの岩をも流す激流で、飛脚たちが金を出しあって架けた逸話が残る橋も出てくる。

その後中山道は中央自動車道をくぐり、中央本線を踏切で渡れば、JR恵那駅、そして大井宿まではもう少しだ。鉄道交通に恵まれた大井宿は、大湫宿にくらべると開発が進んでいるものの、それ

大井宿側の十三峠入口にも立派な石標が建てられていた。そしてその脇にあった小さな立て札には、英語で「ここから30㎞は食堂や宿はない」旨の注意喚起が。なにかあったのか

でも当時の面影も残している。庄屋の屋敷を利用した資料館や、『木曽街道六拾九次之内』を収蔵する「中山道広重美術館」もある。最後はそれらに立ち寄って、中山道の旅の記憶を補完しようか。

DATA

⦿モデルプラン：大湫宿→十三峠→灰くべ餅の出茶屋跡→山形屋→ぼたん岩→乱れ坂→大井宿→JR恵那駅

⦿歩行距離：約14㎞

⦿歩行時間：約4時間半

⦿アクセス：起点の大湫宿へは、名古屋から中央本線で瑞浪駅へ約50分。そこからは瑞浪市のデマンド交通「いこCar」を利用して約40分。要事前予約(瑞浪市役所商工課📞0572-68-9803)。終点の恵那駅からは中央本線で名古屋駅へ約1時間10分

⦿立ち寄りスポット情報：大湫宿＝瑞浪市大湫町。📞0572-51-8161(瑞浪市観光協会)。大井宿＝恵那市大井町。📞0573-25-4058(恵那市観光協会)。中山道ひし屋資料館＝恵那市大井町60-1。📞0573-20-3266。9:00～17:00。月曜、祝日の翌日、年末年始休。一般200円。中山道広重美術館＝恵那市大井町176-1。📞0573-20-0522。9:30～17:00。月曜(祝日を除く)、祝翌日、年末年始休。一般520円(特別企画展820円)

第7章

廃線跡を探る徒歩旅行

物流の主役といえば鉄道だった時代、そんな時代の残滓を探しながら、当時の輝きを追ってみよう。

木曽川に今も架かったままになっている木曽森林鉄道の鉄橋。軽便鉄道の単線だっただけあって、日ごろ目にする鉄道橋にくらべるとずいぶんと小さい。錆びついた様子が年月の経過を感じさせる

三河線の山線廃線跡

みかわせんのやませんはいせんあと

愛知県

途絶えてしまった路線の先。今も残る線路と駅舎を訪ねて

名鉄三河線は、知立駅を起点にして南北に延びている路線だ。それぞれが走る地勢から、海線、山線といった呼ばれかたもしている。現在、海線の終点は碧南駅、山線の終点は猿投駅だが、実はかつては両線ともさらに先へと続いていた。海線は碧南駅から16・4㎞先の吉良吉田駅へ。山線は8・6㎞先の西中金駅まであったのだ。しかし2004（平成16）年4月、この区間は廃線に。

このうちの山線は、線路が通っていたと思われる盛土表記が地形図にも残っており、さらには緩やかな起伏が続く地形も楽しそうだ。8・6㎞という距離も半日徒歩旅行にはふさわしい。ならば歩いてみようじゃないか、昔日の面影を残す廃線跡を。

起点の猿投駅ホームから先を眺めると、終着駅なのに線路はさらに延びていて、下車し

た列車がそちらに向かって走っていく。どうやら以前の線路の一部は留置線として使われているようで、駅のすぐ先にある踏切も現役のままだ。

踏切までは線路沿いを行き、並走する道がなくなってからは少し距離を置いた住宅街を進む。再び線路へ寄り添う道を発見して辿ると、線路は小学校の裏を抜け、県道を横断したところで廃駅が登場。三河御船（みふね）駅跡だ。駅名標は外れているが、ホームはそのまま。

そこからはまた線路とは距離を置くことになったが、地図とにらめっこで道を選んで無事に再会。そしてついに線路そのものを歩けるようになる。実はそれまでも線路に入れる場所はあった。だけど道との交差部分に柵があったりして、どうにも気が引けたのだ。ここにも柵はあるものの、線路に入りやすいように真ん中が開放されている。立入禁止の表示もない。これって、歩いていいってことだよね？

どこからか「コラッ！」と怒られるのではとビクビクしつつ足を踏み入れると、やがて線路脇にハイカー向けの案内表示が立つようになり、「ああ、やっぱりよかったんだ」と安心。線路の中央を堂々と進んでいく。線路にはレールも枕木も残っている。周囲には林や畑が広がっていて雰囲気もいい。線路脇に点々と立っている腰ほどの高さの丸太は木製電柱の跡だろうか。廃線にあたり、抜かずちょん切っちゃったのか。

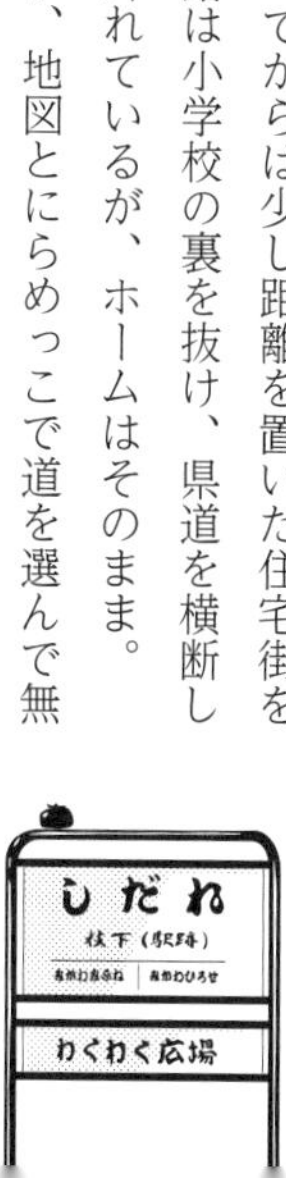

名鉄三河線の廃線跡をのんびり歩いていると、突然、前方に立入禁止の柵が現れた。どうなってるのか柵越しにのぞいてみたら、そこには立派な鉄道橋が今も残っていた

しばらくすると眼前にハッキリと立ち入りを拒否する柵が現れたので、その先をのぞいてみれば、おお、かなり高度差のある鉄橋だ。地図で確認するとその下を流れるのは御船川。現役時代はここで川を越えていたのか。いずれにしても、立入禁止じゃなくてもこれを渡るのは遠慮したい。線路を離れて迂回路を探る。

ぐるりと回り込んだ後、地形図上で廃線跡と交わる車道を辿ってみると、なんとそこは立体交差。橋上から線路を見下ろすかたちだ。さっきまでの場所にくらべると雑草が伸び放題で荒れている。ずっとこの状態だったら歩くのは厳しいかと思いつつも、次の接近ポイントで再び

しばらくの車道迂回のあとに再び辿れるようになった廃線跡は、周囲を樹木に囲まれてなかなかの雰囲気。イノシシが掘り返した跡が線路脇のあちこちにあった

線路に降り立つと、そこは良好な状態だ。どうやら通行可能部分に関しては、草刈り等の整備をしてくれているようだ。

樹林に囲まれ、線路上には落ち葉が降り積もり、それをシャクシャクと踏みしめながら先へ進んでいく。やがて空が抜けると、そこが枝下駅跡だった。駅前は県道と隣接しており、自動車でこの廃駅を見物する人もいるようだ。

枝下駅の先で再び立入禁止の柵。その奥には、さっきよりさらに大きな鉄橋が矢作川を越えている。手前の橋で川を渡って迂回すれば線路は続き、到着したのが三河広瀬駅跡だ。ここは駅舎も保存されている。駅舎の前には駅前旅館。小さ

もうすぐゴールの西中金駅へ到着というあたり。国道と並走するように廃線跡の築堤がまっすぐに延びており、上にはレールや付属施設がそのままになっていた

な駅舎と駅前旅館の組み合わせは、いかにも昭和の風景だ。

線路は矢作川沿いから次第にカーブして南下。先ではトンネルがふたつ続くが、さすがにそこは立入禁止。迂回しながら進んでいくと、道端には大きな橋台がひとつだけ残っており、どうやらこの上を線路が渡っていたようだ。交通量の多い国道に飛び出したら、まもなく終点の西中金駅跡。駅の手前に延びる小高い築堤の廃線跡が見事だ。

かつての三河線山線の終点はここだが、実はさらに延伸計画もあり、遺構も一部残っているらしい。ちなみに目指していた場所は、三河と信濃を結ぶ街道筋の町

かつての終着駅だった西中金駅跡。駅舎は1930(昭和5年)に建てられたもの。2014(平成26)年、隣接の歩道拡幅工事の際には、曳家方式で現在の場所まで2m移動させたとのこと

として栄えた足助。そして足助といえば香嵐渓の紅葉が有名だ。紅葉シーズンのせいか、足助方面へ向かう国道は大いに混雑している。もしこの路線が足助まで延びていたら、紅葉狩りの客で賑わったのかもしれないなと、駅のベンチに座りながら想像した。

DATA

⊙モデルプラン：名鉄猿投駅→三河御船駅跡→鉄橋跡→枝下駅跡→ふたつめの鉄橋跡→三河広瀬駅跡→西中金駅跡

⊙歩行距離：約12.5㎞

⊙歩行時間：約4時間半

⊙アクセス：起点の猿投駅へは名鉄名古屋駅から名古屋本線を知立駅で三河線に乗り継いで約1時間。終点の西中金駅跡からは猿投駅までバスで約30分。

⊙立ち寄りスポット情報：三河御船駅跡＝豊田市御船町山屋敷46。枝下駅跡＝豊田市枝下町的場。三河広瀬駅跡＝豊田市東広瀬町神田42-5。西中金駅跡＝豊田市中金町前田765-2。いずれも℡0565-85-7777(ツーリズムとよた)

木曽森林鉄道遺構と阿寺渓谷

きそしんりんてつどういこうと　あてらけいこく

長野県

木曽山中にひっそりと眠る、森林鉄道の遺構を巡る

「阿寺渓谷沿いの道は先週から通行止めです」

中央本線野尻駅を降りて、地図でももらおうかと観光案内所に寄ったところ、思わぬ返事が返ってきた。なんということ。予定ではまずは阿寺渓谷を散策、そこから昔この付近を走っていた木曽森林鉄道の遺構巡りをしようと考えていたのだ。いきなり水をさされた。かといって「じゃあ帰るか」はありえない。旅は予定通りに進むとはかぎらないし、ある程度のハプニングはスパイスのひとつ。人を誘ったりしてると申しわけないが、ひとり旅ならそんなネガティブ感もない。いかに計画を修正しつつ楽しめるかも旅のうちだ。

とりあえずは通行止めになっている現場まで歩いてみよう。駅から少し名古屋方面に戻って踏切を渡り、点在する民家を抜けて木曽川を渡ればそこが阿寺渓谷だ。左岸に沿って

歩く予定だった林道は、工事のために全面通行止めになっていた。それでも木曽川へと流れ込む阿寺渓谷の川面を眺めてみれば、「上流で工事、やってんの？」と思いたくなる清冽さだった

奥へと向かう林道には、たしかに「通行止め」の看板が。こういうのはえてして「車両通行止め」が多いものだが、今回はしっかりと歩行者も通行止めと書かれている。おそらく上流には集落もなく、生活で常用している人がいないのだろう。

そもそもなんでここにやってきたかといえば、この渓谷は「阿寺ブルー」と呼ばれる独特の美しい水色を持つことで知られているのだ。

日本にはさまざまな「ブルー」がある。北海道は積丹半島の「積丹ブルー」、日本最南端の島、波照間島の「波照間ブルー」、神奈川県ユーシン沢の「ユーシンブルー」、北野武監督の映画で語られる

「キタノブルー」……。最後のは水面の色ではないけれど、そんなひとつに阿寺ブルーも含まれるのだ。

それを拝むには上流まで行かなくてはならないようだが、木曽川との合流点であるここでも水は十分に美しい。ブルーというよりはエメラルドグリーンのような色合いだけど。

さてどうするか。林道は通れないし、かといって沢通しで大岩が連なる川原を遡上するには足元が覚束ない。ひとつ可能性があるのは右岸だった。右岸に林道はないが、かつて木曽森林鉄道阿寺線が通っていたのだ。ちなみに木曽森林鉄道という名前は、この近辺に数多く通っていた森林鉄道の総称。阿寺線廃線後、跡地は遊歩道として整備されたものの、それも経年劣化で使われなくなって久しいと聞いていた。その様子を確認してみよう。

阿寺渓谷の右岸には、その名も阿寺という集落がある。集落では地元のかたが畑仕事をしていたので廃線跡を訪ねてみると、「そこだよ」とこともなげに教えてくれた。入っちゃだめだよと、とがめられることもない。入口まで行ってみると、しばらくは簡易舗装も施されている。やはり旅は現地でフタを開けてみるまでわからないものだ。

森林鉄道跡は、集落の先で土道に変わったものの道筋は明瞭。山中の作業道や釣り師道として踏まれているのか。鉄道の遺構らしきものはあまり残っていないものの、道端に続

もしかしたらと阿寺渓谷の右岸を辿ってみると、そこには木曽森林鉄道阿寺線の遺構らしき道筋が上流へと続いていた。おそるおそる足を踏み入れてみる

く排水溝やしっかりとした石積みの擁壁は名残か。やがて川へと下る細道が分岐するあたりから、急激に藪が濃くなってきた。そろそろ切り上げどきかと一度沢筋まで降りてみたが、残念ながら阿寺ブルーと出会うことは叶わなかった。

阿寺集落まで戻ってきたら、そこからは木曽川の右岸に続く舗装道を遡る。今はなんの面影もないが、当時はこの道にも線路が通っていたらしい。橋で木曽川を渡りながら上流に目を向ければ、そこには真っ赤に錆びた古い鉄橋が今も架かったままになっている。これもまた木曽森林鉄道の遺構。野尻鉄橋と呼ばれ1924（大正13）年に竣工したそうで、木曽川に架かる真っ赤に錆びついた鉄橋。これもまた木曽森林鉄道の遺構だ。ボロボロながらもまだ枕木が断続的に連なっている。渡った先は深い樹林帯のなかに消えていた

廃線になる1965（昭和40）年まで鉄道が渡っていた。橋のたもとまで近寄ってみるとさすがに傷みが散見され、とても渡ってみる勇気は出ない。それでも今も並んでいる枕木など、暴れ川で知られる木曽川でよく流されずに残ったものだ。

野尻鉄橋から駅に戻る途中の畑のなかにも、古い橋梁跡を発見。阿寺線は野尻駅からこのルートを走って先ほどの鉄橋で木曽川を越え、そこからは歩いてきた道をトレースするように阿寺集落を経由して、スイッチバックで阿寺渓谷へ向かったという。

周辺の森林鉄道は阿寺線だけではなく、阿寺から下流の柿其（かきぞれ）へ向かう柿其線、野

野尻駅へ向かう途中で遭遇した、もうひとつの橋梁跡。橋の長さは数m程度で、橋の下には農道クラスの細い道が交差している。かつての森林鉄道はここを通って野尻駅へ向かっていたようだ

尻鉄橋を渡って上流の殿へ向かう殿線など、毛細血管のようにあちこちへと延びていたようだ。

駅に戻り、雑草が生えたホームから木曽川側に目をやれば、そこには木材が山積みにされ、それを重機でトラックに積み込む作業が行われていた。森林鉄道は姿を消したものの、木曽の谷からは今も木材が搬出され続けている。

DATA

⦿モデルプラン：中央本線野尻駅→阿寺渓谷出合→木曽森林鉄道阿寺線跡→野尻鉄橋→畑のなかの橋梁跡→中央本線野尻駅
⦿歩行距離：約6.5㎞
⦿歩行時間：約2時間半
⦿アクセス：起終点の野尻駅へは名古屋駅からJR中央本線で約2時間
⦿立ち寄りスポット情報：阿寺渓谷＝木曽郡大桑村野尻。野尻鉄橋＝木曽郡大桑村野尻。いずれも☎0264-55-4566（大桑村観光協会）

たにぐみせんはいせんあととけごんじ

岐阜県

谷汲線廃線跡と華厳寺

参拝客で大いに賑わった鉄道跡を山越えルートから目指す

岐阜県揖斐(いび)川町にある谷汲山華厳寺は798（延暦17）年創建とされる古刹で、西国三十三所巡礼の33番札所、つまり満願結願のお寺としても知られている。かつては参道入口まで鉄道も通っており多くの参拝客を運んでいたが、その名鉄谷汲線も2001（平成13）年には廃止された。現在も谷汲駅は当時のままで、廃線跡の一部も歩ける状態になっている。しかし、ただ往復するだけでは今ひとつ旅の醍醐味に欠ける。うまいことぐるりと周回できるようなコースはないかと探っていると、華厳寺の裏手に東海自然歩道が通っているではないか。ならばこれで華厳寺へ。そこから旧谷汲線跡を辿りつつ戻ってくることにしよう。

起点は樽見鉄道の神海(こうみ)駅。小さな無人駅ながらギャラリーやサロンの看板も掲げられ、待合室ではステレオセットから音楽が流れている。

踏切を越え、根尾川を渡って県道へ。そのまま北上していくと西に分岐する林道が現れ、これが東海自然歩道として山中へ入っていく。そうはいってもこの道、舗装はされているし、当初は傾斜もほとんどないとあって、針葉樹林のなかをのんびりと散歩気分だ。傍らには澄んだ水が流れる沢もあり、渓魚でも泳いでないかのぞきこんでしまう。

しばらく歩き、路面が砂利敷きになったあたりから風景が一変した。見渡す山肌が丸坊主になり、足元には大量の朽ち木が混じった土砂が押し寄せている。この土砂はどこからと見上げてみれば、沢筋が無残にも崩れ落ちていた。どうやら近年頻発する集中豪雨や大型台風は、ここにも被害を及ぼしたようだ。

これが直近の災害なら危なくて入れたものではないが、時間はかなり経っているようだ。その証拠に丸坊主となった斜面には、小さな広葉樹の苗が一面に植林されている。いずれもとの姿を取り戻しますようにと願いつつ、そこを通過する。

土砂崩れの影響なのか、そこから先は急に道は荒れ気味となる。道全体を覆う薮を漕ぎながら越え、ときおり道を塞ぐ倒木をくぐり抜ける。こういうときはえてして不安になるもので、「あの角を回り込んだらパッタリと道が消えてたらどうしよう」とドキドキしてい

当初は散歩気分で歩けていたが、次第に雑草が伸び放題となり、さらには倒木が道を塞ぐようになった。土砂崩れがあった影響で、最近はあまり歩かれていないのかもしれない

ると、やがて目指す華厳寺を示す真新しい指導標が現れてホッとする。

小さな峠を越えれば、道は整備された階段道へと変わり、急に日の光が差しこんできたなと思うと、そこが華厳寺の奥の院だった。山越えルートを来たため、一番最初にお参りするのが奥の院という、なんだか変な順番だがしかたがない。その先の立派な拝殿でもう一度お参りすれば、あとは茶屋が並ぶ参道だ。ちょっとひと休みしていこう。

一軒の茶屋に入ってメニューを眺めつつ、足下をみてギョッとした。両足首が血まみれなのだ。一瞬どこか怪我でもしたかとあわてるが、とくに傷みはない。

悪戦苦闘の末にようやく華厳寺に辿りつく。ついさっきまでの悪路とのギャップが激しい。この写真を撮っているとき、すでに両足首は血だらけだったが、まだ気づいていない

……やられた。ヒルである。まさかあんな薮漕ぎのような状況になるとは想像もせず、足首丸出しの軽装で来てしまったのが災いした。当のヒルはというと、すでにおなか一杯となって離脱したのだろう。ただ血まみれの足が残るだけだった。

参道を抜けて県道と交差すると、そこにはかつて運行していた谷汲線の終点・谷汲駅がそのまま残されている。ホームには大正から昭和初期にかけて製造された車輛も並んでおり、丸みを帯びたデザインがかわいらしい。廃線になったのはついこの間のようだけど、2001（平成13）年なんてもう20年以上昔だ。ホームの端から先に目を向けると線路が延び、

華厳寺の参道を歩いた先には、かつての谷汲線谷汲駅跡がそのまま残され、ホームには当時の車輛も静態保存されている。2001(平成13)年、谷汲線自体の廃線によってこの駅も廃駅に

廃線跡も続いている。ここから歩けるところまで辿ってみよう。

しばらくは併走する県道と同じ高さを抜けていた線路跡が少しずつ標高を上げ、気がつけば隣接する民家の屋根の高さを越えていた。築堤上を鉄道が走っていた名残なのだろう。山際のスギ林をかすめたり、小さな神社の参道と交差したり、ときには竹林のなかを抜けたり。そしてその先には一面の田んぼ。当時の谷汲線はこんなのどかな風景のなかを往復していたのか。

やがて背の高い草が密生するようになってきたので、田んぼのあぜ道経由で県道へ離脱。本日、薮漕ぎはもうおなかい

谷汲線廃線跡を歩く。当初は右手の県道と同じ高さを並走していたが、次第に標高差がついてくる。いかにも廃線跡っぽくて楽しいが、どこかで元に戻ってくれないと離脱が大変だなとちょっと心配

っぱいである。その後、県道は根尾川と交差。その手前を川に沿うように北上すれば樽見鉄道の谷汲口駅は近い。来るときに下車した神海駅とはお隣の距離ではあるが、なんだかそれ以上の探検気分を味わえた華厳寺参拝であった。

DATA

⦿モデルプラン：樽見鉄道神海駅→東海自然歩道→華厳寺→谷汲駅跡→谷汲線廃線跡→樽見鉄道谷汲口駅

⦿歩行距離：約11.5㎞

⦿歩行時間：約4時間

⦿アクセス：起点の神海駅へは、名古屋駅から東海道本線を大垣駅で樽見鉄道に乗り継いで約1時間半。終点の谷汲口駅からは、樽見鉄道を大垣駅で東海道本線に乗り継ぎ名古屋駅へ約1時間20分

⦿立ち寄りスポット情報：華厳寺＝揖斐郡揖斐川町谷汲徳積23。☎0585-55-2033。谷汲駅跡＝揖斐郡揖斐川町谷汲徳積1412。☎0585-55-2111（揖斐川町観光協会谷汲支部）

美濃町線跡とうだつの町並み

みのまちせんあとと
うだつのまちなみ

岐阜県

うだつの町から刃物の町へ。
路面電車の遺構を辿って

「この、うだつの上がらない男が！」

できればいわれたくない言葉である。辞書によれば「出世しない、地位が上がらない、経済的に恵まれない」といった意味だそうで、まったくもって耳が痛いが、要するに甲斐性なしのこと。「うだつの上がらない女」は聞かないので、もっぱら男に向けることばか。頑張ってるんだから、そんないいかたしなくても……。いかん、つい愚痴っぽくなる。

そもそも「うだつ」とはなにか。一般的には隣家と接する屋根の端に小さな壁を持ち上げ、そこに小屋根を設けたものをいうらしい。本来は火災時の延焼を防ぐのが目的だったものが、次第に意匠化、装飾化されて、凝ったうだつを作ること自体が裕福さの象徴となったことから、転じて「うだつの上がらない……」という表現が生まれたそうだ。

そんなうだつがシンボルの町が岐阜県にあるという。これはぜひとも拝んで自分の人生もあやかりたい。「目指せ、うだつの上がる人生!」を心に秘めていざ美濃市へ。

下車したのは長良川鉄道の梅山駅。無人の駅を出たら西へ。まずは長良川へ向かう。途中に小倉山城址を利用した公園があるので、そこを抜けていく。若干のアップダウンはあるものの園内は気持ちのよい土道が続いて快適だ。当時の石垣と土塁が現存している。

長良川の河畔に飛び出すと、そこに架かるのが美濃橋。これは1916(大正5)年に竣工したもので、日本最古の近代吊り橋だそうだ。歩行者自転車専用橋と聞けば、とくに対岸へ渡る用事はなくとも往復しておきたくなる。橋長は100m程度だし、幅も3m以上あるので、吊り橋はちょっとという人でも安心かな。

美濃橋から少し下流に向かうと建っているのが、木造の上有知(こうずち)湊灯台だ。美濃といえば名高いのが、2014(平成26)年にはユネスコの無形文化遺産にも登録された美濃和紙。とくに江戸期にはその丈夫さから障子紙として普及、全国へ流通した。その美濃和紙を長良川経由で搬出したのが、この灯台が建つ上有知湊だった。江戸末期に建てられた現物だそうで、この川沿いでよくも残っているものだと感心してしまう。

ここからは坂を辿って、いよいようだつの家並みへ。そこには江戸中期から明治初期に

長良川の畔に建つ「上有知湊灯台」。江戸期、ここは美濃和紙の搬出港として大いに栄え、40艘もの船が並んでいたという。現存するこの灯台も江戸末期に建てられたもの

かけて建てられた町家が今も連なっている。先ほど足元を抜けた小倉山城の城下町として発展し、なかでも旧今井家は築300年近く経て、その存在感はさすがの貫禄だ。そしてあらためて屋根を見上げれば、ありましたよ、うだつ。居並ぶ家々の屋根の端、ちょうど隣家との境目にあたる部分に一段高く壁が立ち、その上には凝った小屋根が。なるほど、これで延焼を防ごうとしたのか。和紙、つまり可燃物の産地ゆえに、火災はなにより恐ろしかったのだろう。長良川が近いとはいっても、坂道を上ってきたことでもわかるように、実は水にも苦労したという。うだつ以外に、屋根に小さなお社が

小倉山城の築城とともに城下町として発展した町並み。隣家との境界部分にある、一段高くなった小屋根が「うだつ」だ。これを上げられるか否かで、甲斐性が判断される時代があったのだ

祀られているのにも気づく。これも町ごとに祀る火防（ひぶせ）の神様だそうだ。

この先からは歩いてみたい道がある。かつてこの町には名鉄美濃町線という路面電車が走っていた。路線自体は1999（平成11）年に廃線になってしまったが、駅舎や路線跡は現在も残っており、一部は「ちんちん電車遊歩道」として整備もされているのだ。

目指したのは名鉄美濃駅跡。駅舎がそのまま残され、さらには走っていた車輌が3輌も展示されている。右端の車輌には「徹明町（以前岐阜市内にあった駅名）」と書かれた行き先表示板が掲げられており、たしかに岐阜市まで走っていたこと

名鉄美濃駅は当時のまま保存されている。1911(明治44)年に前身の美濃電気鉄道の上有知駅として開業。その後何度かの駅名変更があり、1954(昭和29)年に美濃駅に。1999(平成11)年廃駅

がうかがえる。この駅舎とホームは国の登録有形文化財に登録されている。

駅からはしばらく車道を行き、緩やかなカーブを曲がりきった先で左手に入ると、そこから遊歩道が始まる。道は舗装されており、面影はあまりないなと思ったところで現れたのが枕木を並べた路面とホームの跡。ここには松森駅という駅があったらしい。

道は砂利道になったり草むらに覆われたりしながら続く。途中で川がさえぎったので迂回。そこからは見晴らしのよい田んぼを抜けて、やがて車道と合流する。路面電車だっただけあって、以降は自動車との併用軌道だったようだ。あとはゴ

名鉄美濃駅跡からしばらく車道を歩いた先に始まるのが「ちんちん電車遊歩道」。美濃市からはこれを辿って関市を目指す。写真は途中で現れた旧松森駅跡。路面電車の駅だっただけに構造はシンプル

ールの関駅までは車道を辿るだけ。関は刃物の町だけあって、刃物やカトラリーの看板が点在する。僕もお土産に包丁を買って帰ろう。左利き用の小出刃がちょうど欲しかったんだ。

DATA

⦿モデルプラン：長良川鉄道梅山駅→小倉公園(小倉山城址)→美濃橋→上有知湊灯台→うだつの上がる家並→名鉄美濃駅跡→ちんちん電車遊歩道→松森駅跡→長良川鉄道関駅
⦿歩行距離：約10km
⦿歩行時間：約3時間半
⦿アクセス：起点の梅山駅へは、名古屋駅から東海道本線を岐阜駅で高山本線に乗り継ぎ美濃太田駅へ。そこから長良川鉄道を経て約2時間。終点の関駅からは、長良川鉄道を美濃太田駅で高山本線に乗り継ぎ岐阜駅へ。そこから東海道本線を経て名古屋駅へ約1時間50分
⦿立ち寄りスポット情報：小倉公園(小倉山城址)＝美濃市泉町1571-3。美濃橋＝美濃市前野、曽代。上有知湊灯台＝美濃市港町。うだつの上がる家並＝美濃市加治屋町周辺。名鉄美濃駅跡＝美濃市広岡町2926-4。ちんちん電車遊歩道＝美濃市松森。いずれも☎0575-35-3660(美濃市観光協会)

伊吹せんろみちと伊吹山

いぶきせんろみちと
いぶきやま

名山へお気楽に登頂し、下山後は鉱山鉄道跡を歩く

滋賀県

伊吹山は、滋賀県と岐阜県の県境にそびえる標高1377mの名山だ。古くは日本武尊（ヤマトタケルノミコト）がこの山に住む伊吹大明神に敗れ、その傷が元で命を失う伝説に始まる信仰の山として知られ、室町時代には織田信長による薬草園の造営、昭和には『日本百名山』に選ばれるなどして、一般登山の対象としてもおおいに賑わうことになった。

日本海側と太平洋側の気候がぶつかり合うダイナミックな気

いつまで待っても天候が回復せず。あきらめて下山を開始したところ、ほんのちょっと標高を下げただけで眼下には展望が広がった。山の天気は本当にわからないな

象でも知られ、濃尾平野に吹き下りる季節風「伊吹おろし」のほか、1927(昭和2)年に記録した1182㎝という積雪量は、いまだに世界記録となっている。

この山にアタックしようとすれば、無雪期に山麓の近江長岡駅から往復というのが一般的。それでもたっぷり一日かかる日帰り登山だ。もう少しお気楽に、さほど早起きしなくても登頂できないものかと画策したのが、山頂直下のスカイテラス伊吹山まで運行している登山バスの利用だ。バスの運行はGWと夏秋のみだが、まずはこれに乗って山頂直下へ。

JR米原駅を午前10時40分に出発したバスは、関ヶ原方面へ回り込んで伊吹山ドライブウェイへ。この道は1965(昭和40)年、高度経済成長のど真ん中に開通した有料道路で、これによって伊吹山登山が一気に一般化したらしい。それもそのはずで、バスの終点・伊吹山スカイテラスがあるのは九合目。山頂までの標高差はわずか117mにすぎず、最短20分で登頂で

きるのだ。そうはいっても、ここまでバスで来たら今さらあわてる必要もない。グルリと山腹を巡りながら山頂へ至る、「西登山道コース」へ足を踏み入れる。それでも40分の道程だ。山頂周辺は高山植物の名所としても知られ、夏には百花繚乱の様相を見せる。歩いたのはすでに9月半ばだったが、それでもアキノキリンソウやサラシナショウマといった花々が登山道を賑わせていた。

登りはじめたころは展望も効き、眼下には琵琶湖や湖北地方もよく見えたのに、山頂に近づくにつれて雲が覆いだし、さあ登頂というときには周囲を真っ白な世界に変えてしまった。それでも山頂に立つ日本武尊像をお参りし、一等三角点にふれたのちに茶屋に入って山菜入りの伊吹そばでも食べれば、それなりに気分も盛り上がる。山頂に並ぶベンチでは、ある人はお弁当を広げ、まためる人はノンビリと昼寝を決め込んで、思い思いの山頂時間を過ごしている。

山頂からは南へ向かうメインの登山道を使って下山する。下り

伊吹山の山頂に並ぶベンチではハイカーたちが休憩中。雲に巻かれてしまって眼下の展望はまったく得られなかったが、それでも皆さん、それなりにくつろいでいらっしゃる

はじめて驚いたのが、標高差にしてわずか10mほど下っただけで、いきなり展望が広がったこと。どうやら雲がかかっていたのは、本当に山頂部だけだったようだ。眼下に広がる米原から彦根にかけての風景は、明るい緑色の田んぼ、暗い緑色の樹林、色とりどりの住宅街がモザイクのように組み合わさっている。そしてその向こうには広々とした琵琶湖の青。登山道は八合目くらいまでは荒々しい岩稜帯が続くが、その先は整備された道になり、六合目あたりからは樹林も広がりだし、ツクツクボウシの大合唱に囲まれる。

午後2時近くになっても下から登ってくる人はポツポツいて、屈託のない笑顔で「コンチハー！」と挨拶を交わしてくれる。これは登山者のお約束だけど、その笑顔に対してちょっと後ろめたい気持ちになるのは、やはり山頂直下までバスで来たせいか。

しかし大丈夫。こちらにはもうひとつの追加プランがあるのだ。やがて下山した三之宮神社がいわゆる登山口。ここからバスで

駅へ向かったり、マイカーを停めての往復登山が多いのだが、さらに歩いて先を目指す。神社から1・5㎞ほど車道を南下したところに、「伊吹せんろみち」と呼ばれる廃線跡が整備されているのだ。

もともとこれは、2003（平成15）年まで山麓で操業していた住友大阪セメントが石灰石を東海道本線まで搬送するための、いわゆる鉱山鉄道だったそうだ。起点にわずかに線路が残され、駅舎風の休憩所が設けられているほかは、あまり当時を思い起こさせるものはないが、それでも途中、トンネルで国道をくぐったり、緩やかなカーブが続くあたりはいかにも廃線跡だ。そんな道をテクテク歩く

伊吹山下山口からさらに車道をしばらく歩き、「伊吹せんろみち」にスイッチ。延長戦の始まりだ。起点には駅舎風の休憩所が設けられ、ここだけは線路が残されてた

伊吹山の麓からは「伊吹せんろみち」を歩く。線路端に連なるコンクリート製の柱は、ここが現役だった時代の遺構なのだろう。振り返れば、カーブを描く道の向こうに伊吹山が大きくそびえていた

ことしばし。東海道新幹線の高架をくぐり、眼前に東海道本線が迫ってくると道は終わる。そこからは線路沿いを辿っていけばゴールの近江長岡駅。このサブプランのおかげで、登りにバスを利用した後ろ暗さはすっかりどこかに消えていた。

DATA

⦿モデルプラン：スカイテラス伊吹山→伊吹山山頂→三之宮神社→伊吹せんろみち→JR近江長岡駅
⦿歩行距離：約11㎞
⦿歩行時間：約5時間
⦿アクセス：起点のスカイテラス伊吹山へは、名古屋から東海道本線で米原駅へ。そこから伊吹山登山バスを経て約2時間半。事前予約可（湖国バス📞0749-62-3201）。終点の近江長岡駅から名古屋駅までは東海道本線で約1時間
⦿立ち寄りスポット情報：スカイテラス伊吹山＝関ケ原町関ケ原寺谷1586。📞0584-43-1155（伊吹山ドライブウェイ）。伊吹せんろみち＝📞0749-53-5145（米原駅観光案内所）

あとがき

東海地方というのは、自分にとってはなかなか未知な土地だった。もちろん名古屋は仕事でも私事でも何度も訪れたが、それ以外の場所はあまり足を踏み入れたことがなかった。つまりは自分にとっての東海地方は、ほぼ名古屋だったのだ。

そんな貧弱な予備知識をもとに地図を開いて一番最初に気がついたのは、東海地方にはかつての五街道のうち、東海道と中山道のふたつが横断しているということ。東海道はその先で伊勢街道を接続して伊勢神宮へと続いているし、中山道のほうは途中に馬籠宿をはじめ、今でも当時の面影を残す宿場がいくつも残っている。つまり歴史のある道を旅するには事欠かないということだ。

さらには1970年代に、国家的事業で開通した東海自然歩道もこのエリアを貫いている。自然が豊かな道もあるというわけだ。さらにさら

に、伊勢湾や三河湾には数多くの島がある。そしてこれらの湾の入口にあたる鳥羽から伊良湖岬にかけての航路は、東海道が成立する以前、西と東を結ぶ重要な航路だったという話も聞いたことがある。なんだかすごいじゃないか、東海地方。

それからは本を読んだり、地図を眺めたり、ネットをチェックしたりと「東海三昧」の日々。都合2カ月ほど現地に滞在し、毎日のように山や海、町や里山を歩き回ってこの本を書きあげることができた。

最後に感謝を。いつものごとく山と溪谷社の稲葉豊さんにはお世話になりました。デザイナーにしてイラストも描いてくれている吉池康二さんは、今回も素敵な本にしあげてくれました。

そしてなによりも旅先のあちこちで、僕の的外れな質問にもいやな顔ひとつせずいろいろなことを教えてくれた地元の皆さん、本当にありがとうございました。2022年の僕は東海地方とともにありました。

佐藤徹也

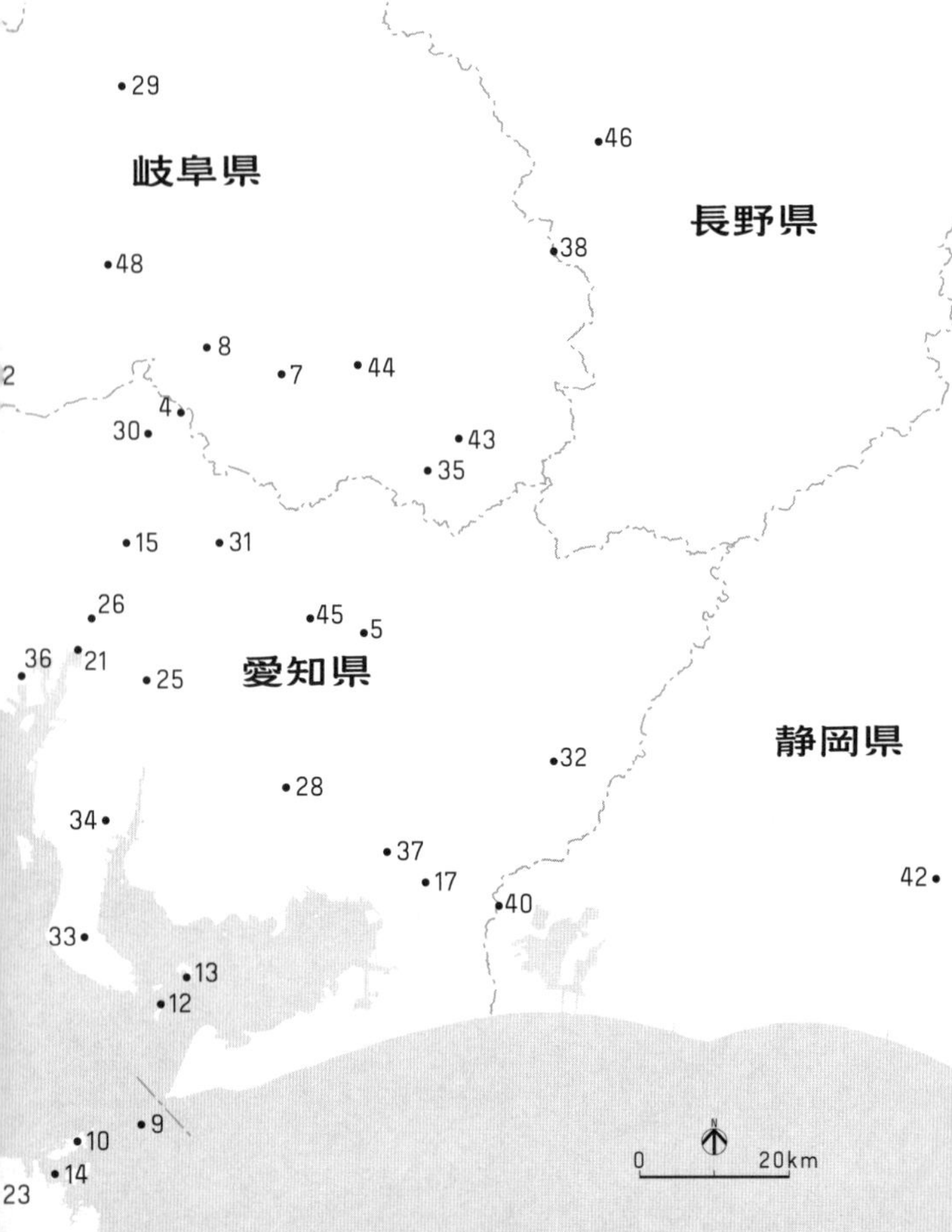
岐阜県
長野県
愛知県
静岡県
29
46
38
48
8
7
44
2
4
30
43
35
15
31
26
45
5
36
21
25
32
28
34
37
17
40
42
33
13
12
9
10
14
23
11
0
20km
N

探訪地マップ

名古屋発 半日徒歩旅行

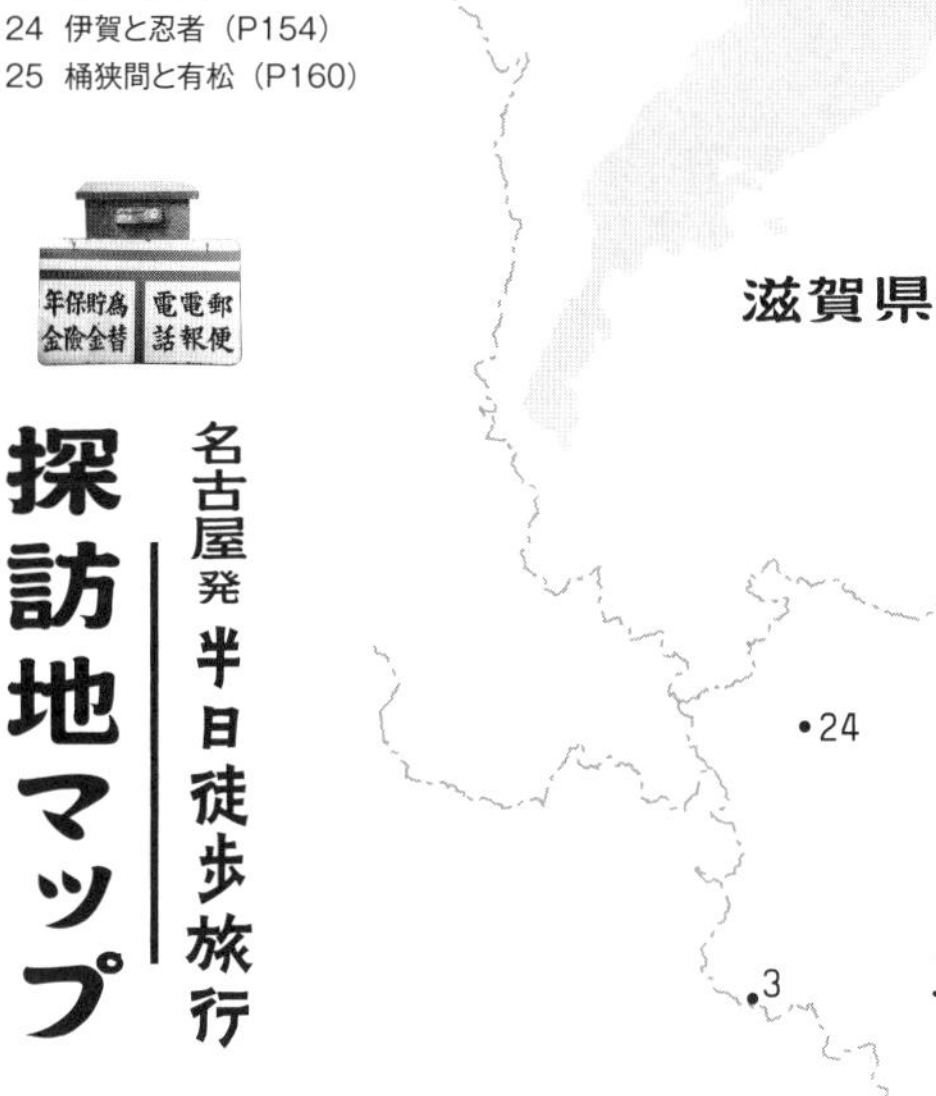

著者プロフィール

佐藤徹也（さとう てつや）

東京都生まれ。アウトドア系旅ライター。徒歩旅行家。国内外を問わず、街中も自然も問わず徒歩による旅を楽しむ。これまでに訪れた国は58ヵ国。キリスト教の聖地を目指すサンチャゴ・デ・コンポステーラ巡礼道の「ポルトガル人の道」「ル・ピュイの道」約1000kmを踏破。北欧諸国のクラシック・ロングトレイルを縦走。完全な前人未踏の地よりも、どこかに人の気配が介在する土地に惹かれる。雑誌『山と溪谷』『明日の友』『散歩の達人』等で執筆。著書に『東京発 半日徒歩旅行』『東京発 半日徒歩旅行 調子に乗ってもう一周！』『京阪神発 半日徒歩旅行』（以上3冊はすべてヤマケイ新書）がある。

ブログ「旅と暮らしの日々」https://apolro.exblog.jp

名古屋発 半日徒歩旅行

YS070

2023年3月30日　初版第1刷発行

著者　佐藤徹也
発行人　川崎深雪
発行所　株式会社　山と溪谷社
〒101-0051
東京都千代田区神田神保町1丁目105番地
https://www.yamakei.co.jp/
■乱丁・落丁、及び内容に関するお問合せ先
山と溪谷社自動応答サービス　TEL.03-6744-1900
受付時間／11:00～16:00（土日、祝日を除く）
メールもご利用ください。
【乱丁・落丁】service@yamakei.co.jp
【内容】info@yamakei.co.jp
■書店・取次様からのご注文先
山と溪谷社受注センター
TEL.048-458-3455　FAX.048-421-0513
■書店・取次様からのご注文以外のお問合せ先
eigyo@yamakei.co.jp
地図協力　千秋社
印刷・製本　図書印刷株式会社

＊定価はカバーに表示してあります
＊落丁・乱丁本は送料小社負担でお取り替えいたします
＊禁無断複写・転載

Printed in Japan ISBN978-4-635-51079-0

本書に掲載されている各種データは
2023年2月上旬現在のものです